Projeto Empresarial: A Arte da Criação de Valor

TÍTULO ORIGINAL
Projeto empresarial: a arte de criação de valor

AUTORES
Renato Lopes da Costa, Leandro Ferreira Pereira e Nelson dos Santos António

CONJUNTURA ACTUAL EDITORA
Sede: Rua Fernandes Tomás, 76-80, 3000-167 Coimbra
Delegação: LEAP CENTER – Espaço Amoreiras
Rua D. João V, n.º 24, 1.03
1250-091 Lisboa – Portugal
e-mail: editoras@grupoalmedina.net

DESIGN DE CAPA
FBA

PAGINAÇÃO
Aresta Criativa – Artes Gráficas

IMPRESSÃO E ACABAMENTO
ARTIPOL - www.artipol.net
Janeiro de 2020

DEPÓSITO LEGAL
466376/20

ACTUAL | GRUPOALMEDINA

BIBLIOTECA NACIONAL DE PORTUGAL – CATALOGAÇÃO NA PUBLICAÇÃO

COSTA, Renato Lopes da, e outros

Projeto empresarial: a arte de criação de valor / Renato Lopes da Costa, Leandro Ferreira Pereira, Nelson dos Santos António
ISBN 978-989-694-476-6

I – PEREIRA, Leandro, 1979-
II – ANTÓNIO, Nelson dos Santos

CDU 658

PROJETO EMPRESARIAL: A ARTE DA CRIAÇÃO DE VALOR

Leandro Ferreira Pereira
Renato Lopes da Costa
Nélson dos Santos António

ACTUAL

Ao meu pai Luis António Ferreira Pereira.
Até breve pai.
(Leandro Ferreira Pereira)

Ao meu filho Francisco Lopes da Costa
(Renato Lopes da Costa)

ÍNDICE

1.
Introdução

1.1. DESAFIOS DA GESTÃO MODERNA

Em pleno século XXI o mundo dos negócios vive a um ritmo alucinante, de constante transformação e a uma velocidade extrema. Esta velocidade é transversal à comunicação, aos meios de transporte e distribuição, ao ritmo das novas necessidades, inauguração de novas empresas e ao lançamento de novos produtos e serviços. Este efeito no mundo económico foi alavancado por diversos fatores combinados que culminaram neste desfecho de grande competitividade de mercados e na crescente procura da racionalização de recursos e de um crescimento sustentável. Destacam-se os seguintes: a globalização, o *boom* da inovação tecnológica no centro da economia ("techonomy"), o fenómeno da obsolescência programa adotado como uma estratégia de fomentação de consumo, o proliferar das redes sociais (*online networking*) e a crescente preocupação com a dimensão social e ambiental nos negócios (sustentabilidade).

1.1.1. GLOBALIZAÇÃO

A globalização é o processo de integração internacional, resultante do intercâmbio entre mercados, de produtos, ideias, pessoas, culturas. Este fenómeno tem sido largamente discutido nas últimas décadas, especialmente desde os anos 80, dado o contributo das telecomunicações e transportes que vieram dinamizar a interdependência económica e cultural. As barreiras que outrora impediam a interação e a comunicação pelo mundo estão a desaparecer, afetando a sociedade em todos os aspetos: económico, social, governamental e empresarial. No ano 2000, o Fundo Monetário Internacional (FMI) identificou quatro aspetos básicos da globalização: Trocas comerciais e negócios; movimentos de capital e investimento; migração de pessoas e disseminação do conhecimento.

Desde o aumento da competitividade à incerteza do futuro e do impacto das suas ações, a globalização obrigou as empresas a alterar a sua estratégia para operar e se manterem competitivas. Com o aumento da economia global, as empresas deparam-se com novos desafios e oportunidades, que devem ser considerados aquando da reformulação estratégica.

Algumas vantagens da globalização incluem o **acesso a recursos mais baratos e diversificados**, devido à aproximação das relações comerciais entre países e à rapidez logística e de comunicação. Este facto permite a **conceção de novos produtos e serviços**, bem como a **produção mais barata** dos mesmos. Um exemplo prático é a abertura do mercado chinês, possibilitando o acesso a mão-de-obra mais barata e custos de produção mais baixos.

Também a diminuição das barreiras comerciais permitiu a **expansão dos mercados**. Ou seja, empresas que apenas vendiam localmente podem abrir os horizontes a novos mercados, aumentando o seu **raio de atuação** e o **número de clientes-alvo**. Isto não só aumenta o seu **potencial de vendas**, como permite o alcance de **economias de escala**, pela produção em largas quantidades.

A flexibilidade na troca comercial aplica-se igualmente à **flexibilidade na deslocalização** de fábricas e escritórios, para locais com maior potencial de vendas, melhor acesso a recursos ou custos mais baixos. As organizações são agora capazes de fazer ***outsourcing*** e ***offshoring*** dos seus setores, obtendo vantagens em termos de *expertise*, economias de escala, custos de produção, entre outros. O desenvolvimento dos setores da tecnologia de informação na Índia permitiu que muitas empresas criassem subsidiárias locais, tirando vantagens simultaneamente do *know-how* e do baixo custo laboral, tornando-se um exemplo deste fenómeno da deslocalização.

Um dos maiores benefícios da globalização é a **aquisição de competências e conhecimentos**, aumentando a **colaboração** e a capacidade de **inovação**. As organizações aumentam o seu conhecimento tanto pelo recrutamento de mão-de-obra especializada em qualquer parte do mundo como pela disseminação de informação rápida e intensificada proporcionada pelas tecnologias de informação.

Outra vantagem surge da criação e desenvolvimento de **novas formas de investimento**, como fusões e *joint ventures* que facilitam a entrada em novos mercados e propiciam vantagens competitivas, pela partilha de *expertise* do negócio ou do mercado.

Tamanhas são as vantagens como os desafios. Gerir a proporção e a rapidez da globalização apresenta-se como um obstáculo para muitas empresas que são forçadas a acompanhar este ritmo com pena de serem excluídas da chamada "global village".

Um dos principais desafios prende-se com a **gestão de recursos humanos**, ao nível das diferenças culturais e éticas, na dificuldade em captar talento e ser competitivo no recrutamento, gerir a motivação de colaboradores que trabalham globalmente, entre outros.

Em linha com a disponibilidade de informação surge a necessidade de **gerir essa informação** (*big data*), que chega cada vez mais a ritmos crescentes de volume, variedade e velocidade.

O efeito da globalização pode ser igualmente prejudicial no sentido em que aumenta a **competitividade**, tornando especialmente difícil a **entrada de novos concorrentes** face a empresas multinacionais já estabelecidas. Por outro lado, negócios locais que operam numa geografia limitada passam a sentir a concorrência de empresas globais. As fronteiras nacionais são cada vez menos importantes permitindo a ação de multinacionais bem posicionadas. Esta competitividade sente-se também pelo aumento da **exigência dos consumidores** que têm mais escolha e tenderão a ser mais seletivos em termos de qualidade, serviço e preço.

Surgem novos desafios ao nível do **desenvolvimento de produtos** pois a adaptação dos produtos e/ou serviços aos diferentes mercados exige uma gestão mais complexa das várias áreas da organização. Torna-se mais complicado satisfazer o cliente de forma individual e é necessário ponderar o correto *trade-off* entre adaptação e standardização.

Todos estes fatores levam à necessidade de inovar, seja em novos produtos, novos mercados ou novos modelos de negócio que desafiem os tradicionais líderes de mercado. As empresas são presenteadas com novas oportunidades continuamente, mas devem ser capazes de as identificar e absorver rapidamente, dada a velocidade concorrencial. Isto não é um processo solitário, pois só empresas interdependentes poderão aumentar a competitividade das suas cadeias de valor, que passam igualmente a ser globais.

1.1.2. INOVAÇÃO TECNOLÓGICA ("TECHONOMY")

A explosão da internet e da tecnologia móvel (telemóveis, *tablets*, laptops) revolucionou tanto a vida dos consumidores como transformou os modelos de negócio das organizações. Esta influência tecnológica é fortemente sentida nas operações diárias dos negócios, afetando tanto em empresas de grande como de pequena dimensão. O período do *boom* das novas tecnologias deu origem à denominação "Geração Y" (geração nascida pós anos 80) para classificar o surgir de uma nova geração e de uma época de grandes avanços tecnológicos e da internet.

Esta revolução veio permitir remover diversas barreiras comerciais e tecnológicas que previamente penalizavam a livre comunicação entre pessoas. A inovação tecnológica veio revolucionar quer as empresas quer os consumidores, na forma de comprar, encomendar, pagar, ler, consultar informação e na comunicação publicitária.

Principais Impactos

- Redução de custos nos processos de venda e comunicação e maior eficiência dos mesmos;
- Melhoria da comunicação da empresa ao consumidor e vice-versa – processos de comunicação mais velozes e através de mecanismos mais fáceis – *email*, *texting*, *websites*, aplicações móveis (*apps*). Estas novas ferramentas facilitaram o recebimento de *feedback* pelos consumidores, bem como a comunicação pela empresa ao consumidor em *real-time* isto é, de forma quase instantânea, permitindo também a mensagem ser transmitida de forma mais eficaz;
- Facilidade na entrada em novos mercados geográficos (nomeadamente à escala internacional) pela facilidade de comunicação, publicidade e de novos canais de venda proporcionados pelas novas tecnologias;
- Promoção da cultura empresarial pela facilidade de comunicação com equipas localizadas noutras regiões geográficas.

Economia da Tecnologia - "Techonomy"

"Techonomy" é uma expressão que combina "technology" com "economy". O termo "technomy" expressa a integração da tecnologia em todas as partes da economia e a criação de novas oportunidades contribuindo para melhores negócios, uma melhor sociedade e um melhor planeta.

A tecnologia tornou-se uma parte central da economia onde operamos e na sociedade onde vivemos. Na verdade, a tecnologia entrelaça-se em qualquer atividade que os seres humanos executam no seu dia-a-dia.

Segundo o autor do livro "The Facebook Effect", David Kirkpatrick (2010), a tecnologia (*technology*) tornou-se no motor central de qualquer economia (individual, empresas e organizações) propiciando um novo *empowerment* através das novas ferramentas que apoiam na organização de informação e ideias, facilitando a resolução de desafios e o abraçar de novas oportunidades, de forma mais eficiente e eficaz.

Posto isto, a tecnologia tem vindo a revolucionar o mundo dos negócios, ao nível da eficiência, de custos, da cultura e relação entre colaboradores, clientes, fornecedores e consumidores desempenhando um papel essencial na competitividade e sustentabilidade do negócio e contínua capacidade de criação de riqueza.

1.1.3. OBSOLESCÊNCIA PROGRAMADA

A obsolescência programada é uma estratégia em que as empresas programam o tempo de vida dos seus produtos, para que estes durem menos e se tornem ultrapassados em pouco tempo, incentivando o aumento do consumo. Esta estratégia foi espoletada com a crise económica de 1929 e com a explosão do consumo nos anos 50, mudando a forma de as empresas operarem. O foco deixou de ser a durabilidade e a qualidade dos produtos, mas sim a produção contínua e cada vez mais rápida de novos produtos com duração reduzida.

A ideia de diminuir o tempo de utilização dos produtos apareceu pela primeira vez em 1925 na indústria de lâmpadas, pelo cartel Phoebus, formado pelos principais fabricantes de lâmpadas da Europa e dos Estados Unidos. O cartel foi organizado para reduzir o tempo de duração das suas lâmpadas de 2500 horas para 1000 horas de tempo de vida, aumentando assim a necessidade de comprar lâmpadas por parte dos clientes e, consequentemente, aumentando o lucro das empresas envolvidas. Este fenómeno mercadológico foi replicado noutras indústrias até aos dias de hoje, em que se assiste a uma rápida evolução tecnológica.

A obsolescência programada manifesta-se de variadas formas, seja forçando o consumidor a **comprar por necessidade ou por hábito**. É especialmente comum em produtos eletrónicos, eletrodomésticos e automóveis, que rapidamente avariam após a garantia e cujos custos de reparação são impraticáveis face à compra de um novo produto.

Este fenómeno reflete-se não só na redução intencional da durabilidade dos produtos, fazendo com que estes deixem de funcionar passado algum tempo, mas também através da criação de novos produtos com novas *features*, encorajando o consumidor a comprar a última geração (obsolescência percebida). Esta **obsolescência percebida** ocorre quando um novo produto mais atraente é lançado no mercado, induzindo o cliente na compra, mesmo que o anterior modelo continue operacional.

Pode ainda ser referido o fenómeno da **obsolescência funcional**, em que os produtos perdem a sua utilidade pela incompatibilidade técnica face a produtos com versões mais recentes. É o caso dos *smartphones* com incompatibilidades nos acessórios ou inexistências de *updates* nos *softwares*, forçando o consumidor a comprar o novo modelo.

Em alguns casos, esta estratégia é necessária e utilizada através de ***value engineering***. Ou seja, as organizações produzem produtos com pouca durabilidade e componentes mais baratas para que estes sejam acessíveis ao consumidor em termos de preço. A técnica de *value engineering* permite cortar custos desnecessários para a empresa e para o consumidor que não são valorizados pelo utilizador final, normalmente através do uso de componentes mais baratas que permitam ter um ciclo de vida *apenas* satisfatório.

Sendo uma prática comum, as organizações acabam por seguir esta tendência, mas é necessário que não abdiquem do ***value for money*** para o consumidor, pois caso contrário este poderá não comprar novamente à mesma empresa. Este risco deve ser gerido, no sentido em que a empresa deve manter a confiança dos consumidores nos seus produtos, para que estes não mudem de fornecedor.

Outra problemática associada a este tema é a questão ambiental. Numa era em que a consciência ambiental e os problemas do consumo exacerbado são cada vez mais discutidos, a obsolescência programada torna-se um perigo para gerações futuras, que se irão deparar com a falta de recursos. Este cenário levou a um novo desafio para as organizações, que passaram a desenvolver produtos apelativos mas com componentes passíveis de serem **reciclados ou reutilizados** quando descartados pelo consumidor.

1.1.4. REDES SOCIAIS

As redes sociais foram outro fator que adveio do avanço tecnológico e que tomou uma posição impulsionadora na intensificação da globalização dos mercados e dos negócios.

O ritmo de utilização das redes sociais tem crescido de forma alucinante tendo revolucionado os modelos de marketing e comunicação adotados pelas empresas para contacto com os seus atuais ou potenciais clientes.

A par com a inovação tecnológica, com o lançamento de *smartphones*, *tablets*, *laptops* e a rede de *internet*, as redes sociais vieram permitir o acesso instantâneo à informação e comunicação entre as partes envolvidas (empresas-consumidor). As plataformas de *social media* permitem às organizações levarem a cabo campanhas de marketing e comunicação criativas que fomentem o passa-palavra, a proliferação da imagem de marca de forma mais rápida e a adoção de uma comunicação mais customizada. As redes sociais aliadas às aplicações móveis permitiram às empresas criarem novos modelos de fidelização, páginas de "fãs" para o seguimento da empresa e dos seus produtos/serviços, a possibilidade de *rating* dos produtos e partilha de *likes* em apenas um clique.

Atualmente já existem **ferramentas** que poderão ajudar o processo de leitura dos clientes ou mercado-alvo de uma organização, apoiando no registo de todos os seus "passos" e, por conseguinte, na gestão de ***cada interação, ação e comportamento*** que o cliente executa, permitindo adotar estratégias de *marketing* que potenciem o negócio. As novas tecnologias, aliadas às novas ferramentas de *marketing intelligence* desenvolvidas, têm um papel fundamental hoje em dia especialmente na recolha de um novo tipo de informação extremamente rica para os gestores – atualmente muita informação é partilhada em segundos, quase de forma instantânea. Qualquer clique, visita, *swipe online*, isto é, qualquer transação ou interação no mundo digital, traduz informação robusta, poderosa e com elevado significado para a compreensão dos consumidores e, como tal, determinante para a definição de estratégias de negócio. Esta preciosa informação permitirá fazer posteriormente *business insights*, isto é, encontrar significado (*meaning*) nos dados. Neste sentido, os *marketeers* têm um novo desafio que passa por criarem experiências ótimas ao consumidor: "o consumidor certo, receber a mensagem certa, no equipamento (*device*) certo, no momento certo, com o preço certo".

Existem também outras sinergias que são possíveis aproveitar para tirar o máximo partido das redes sociais. Quando as organizações pensam em definir uma estratégia de *marketing* via *social media*, torna-se relevante pensar qual o *target* a atingir. É de realçar que é comum a existência de um número vasto de utilizadores presentes nas redes sociais que poderão não representar necessariamente potenciais consumidores, mas ainda assim ter um forte impacto em efeitos de *marketing*. De acordo com o especialista em *social media*, Augie Ray, este classificou vários tipos de influenciadores em três categorias: *Social Broadcasters*; *Mass Influencers*; e *Potential Influencers* (Figura 1).

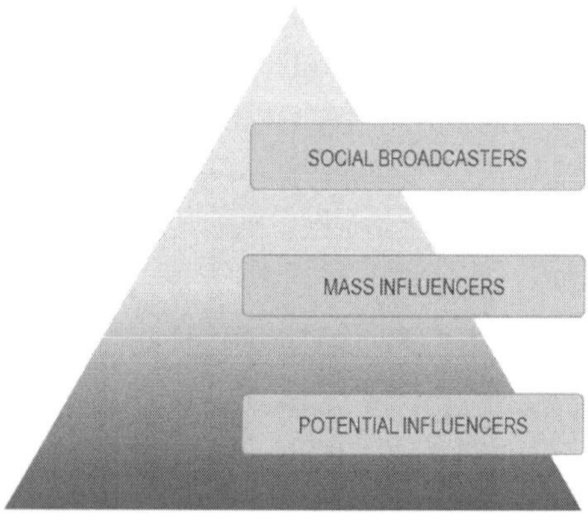

Figura 1. Pirâmide dos três tipos de influenciadores nos *social media*

Mais de 80% desta população é feita de "potenciais influenciadores". Vale a pena o esforço em identificar estes perfis na *network* e adicioná-los (*connect*) à rede de forma a atrair mais *shares* (partilhas) e *likes*.

A inteligência competitiva passa por saber ouvir tanto os colaboradores como o mercado, pelo que as redes sociais têm vindo a facilitar essa "escuta" externa e a permitir recolher *feedback*, reconquistar clientes e até antever necessidades.

Algumas das redes sociais mais populares são Facebook, Twitter, Pinterest e Linkedin.

1.1.5. SUSTENTABILIDADE

O desenvolvimento sustentável é na generalidade entendido como "o desenvolvimento que responde às necessidades atuais do presente, sem comprometer a satisfação das necessidades futuras" (Relatório de Brundtland, 1987). O tema da sustentabilidade ganhou proporções maiores pelas discussões geradas à volta do aquecimento global, da exploração infantil, do aumento da pobreza e da poluição, entre outros. Foi primeiramente delineado na Conferência das Nações Unidas sobre o Meio Ambiente Humano, em 1972, que defendeu a necessidade de "melhorar o ambiente humano para as atuais e futuras gerações".

A sustentabilidade aplicada às empresas compreende a gestão do *triple bottom line*, ou seja, a gestão empresarial em termos financeiros, sociais e ambientais. Estes três impactos são também referidos como: proveitos, pessoas e planeta (Figura 2). Desta forma, para ter um desenvolvimento industrial sustentável, é necessário endereçar preocupações como: eficiência económica (inovação, prosperidade, produtividade), equidade social (pobreza, comunidade, saúde, riqueza, direitos humanos) e responsabilidade ambiental (mudanças climáticas, biodiversidade).

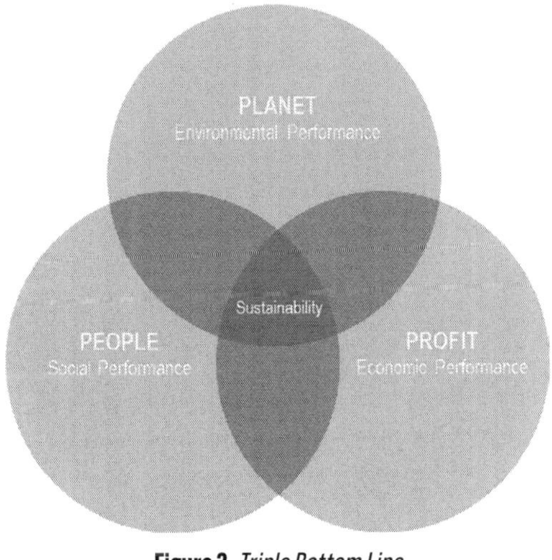

Figura 2. *Triple Bottom Line*

Muitas empresas estão agora a integrar princípios de sustentabilidade nos seus negócios, com objetivos que vão além da mera reputação para os clientes. Questões como poupar energia, desenvolver produtos verdes, reter e motivar os colaboradores, são fatores impulsionados pela adoção de práticas sustentáveis que beneficiam as organizações.

Uma consciência sustentável pode significar uma vantagem competitiva, se tal for integrada na estratégia organizacional. Algumas empresas passaram a elaborar o "Relatório de Sustentabilidade" que reflete de forma declarada o seu desempenho e estabelece objetivos nesse mesmo âmbito. O modelo de *reporting* GRI (Global Reporting Initiative) foi já adotado por muitas empresas para estruturar e comunicar este tipo de informação, organizado em quatro áreas: económica, social, ambiental e de gestão.

A adoção de práticas sustentáveis veio a mostrar-se uma fonte de oportunidades para as organizações, que podem reduzir custos, aumentar eficiência e aumentar o negócio. Veio inclusivamente permitir a expansão de alguns mercados, como é o caso das energias renováveis.

Por outro lado, com o aumento da população mundial e o consumo excessivo de combustíveis fósseis, a sustentabilidade também deixou de ser encarada como uma opção, passando a ser uma necessidade real. Com o decorrer da recessão surgiu a importância de fazer mais com menos, cortando despesas e mantendo os mesmos níveis de qualidade. Em particular nas empresas com recursos não-renováveis é expectável um aumento nos custos há medida que estes vão ficando mais escassos, pelo que a sua atuação sustentável passa a ser imperativa.

Ainda assim, um dos grandes obstáculos à sustentabilidade nos negócios ainda se prende com a quantificação dos benefícios gerados e quais as consequências concretas que irá trazer. Dado o investimento elevado e o retorno incerto, as empresas sentem receio de tomar este rumo. Compreender o ROI da sustentabilidade é um passo importante para que se assuma como uma vantagem competitiva (Kumar, Teichman, & Timpernagel, 2012).

1.2. REGENERAÇÃO ORGANIZACIONAL

Num ambiente de instabilidade e imprevisibilidade as empresas são desafiadas a adotarem novas posturas estratégicas e a conceberem novas formas de criar valor e explorar oportunidades de mercado, sob pena de perderem competitividade e a sua proposta de valor perder interesse para os seus *stakeholders*. Os contextos económico, social e tecnológico levam à redução dramática do ciclo de vida das organizações. Seja por via de fusões, aquisições, falências ou outros, as empresas enfrentam uma elevada dinâmica que coloca em causa a sua existência, enfrentando a gestão o **desafio da recriação contínua do modelo de negócio**, explorando e desenvolvendo os ativos numa permanente e acelerada transformação ao mesmo tempo que é necessário obter dividendos do ativos presentes.

Os desafios da gestão moderna exigem que as empresas permanentemente alterem as suas propostas de valor perante o mercado, uma vez que esta realidade torna o **tempo de exploração dos investimentos e o ciclo de vida dos produtos cada vez mais curto**. É neste contexto competitivo e continuamente desconhecido que se valorizam empresas capazes de evoluir rapidamente em resposta ao mercado, de modo a garantir uma presença ativa e sustentável (Piercy & Cravens, 2010). Aproveitar as oportunidades de negócio, antecipá-las e apostar nos investimentos certos são imperativos para ganhar uma vantagem competitiva (Pereira, 2014).

A par com esta realidade não podemos ignorar que nunca os clientes foram tão cobiçados e a disputa pela angariação agressiva e muitas vezes menos ética foi tão feroz. Tentativas permanentes de conquista de território (mercado) tornaram-se prática diária e os competidores lutam cliente a cliente para conquistar quota. Como complemento e resposta a este esforço surgem práticas de fidelização e tentativas de prender o cliente à empresa, tendo o competidor já encontrado por vezes forma de pagar ao cliente a penalização da sua infidelidade. É com esta nova realidade que se **observa o ciclo de vida do cliente cada vez mais reduzido e com isto a necessidade de o satisfazer mais e melhor**.

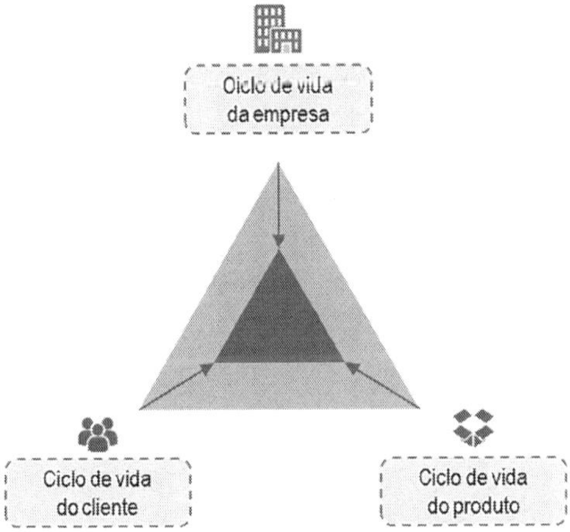

Figura 3. Redução dos Ciclos de Vida (Pereira, 2014)

A prosperidade de uma empresa está desta forma inevitavelmente condicionada (quando não protegida em monopólio) pela permanente reinvenção (Earley, 2013). De acordo com Hamel (2000), as organizações devem reinventar a sua estratégia de forma estruturada, proativa e contínua, e não de forma reativa quando existe uma crise. De acordo com Pereira (2014) quando o movimento estratégico não é permanente, mas sim discreto e pontual no tempo, a empresa passa tipicamente por perigosos periodos de indefinição e distanciamento competitivo, tendo depois enormes dificuldades em se afirmar perante o mercado. Porém e pior que este cenário só mesmo a proteção monopolista que conduz a organização durante anos ou décadas num paraíso fictício e propiciamente estabelecido para interesses de grupos instalados, sendo que quando confrontada com um ambiente de concorrência tem enormes dificuldades em sobreviver e permancer competitiva (Pereira, 2014).

Uma das consequências objetivas desta volatilidade e necessidade permanente de refundação da missão organizacional é **o movimento da energia organizacional do mundo da operação para o mundo dos projetos e da mudança.** Assim, cada vez mais as operações são otimizadas, automatizadas e robotizadas (tarefas recorrentes onde as máquinas desempenham melhor e a menos custo que os humanos) libertando e movimentando o capital humano e financeiro para a criação, conceção e desenvolvimento de novos produtos e serviços (tarefas nas quais a tecnologia tem ainda muita dificuldade em operar). Conforme figura 4, a internet e o e-commerce lideram o crescimento em CAPEX de 16-19e em todo o mundo. Cresce assim exponencialmente a quantidade de recursos disponíveis para refundar as organizações e o seu modelo de negócio.

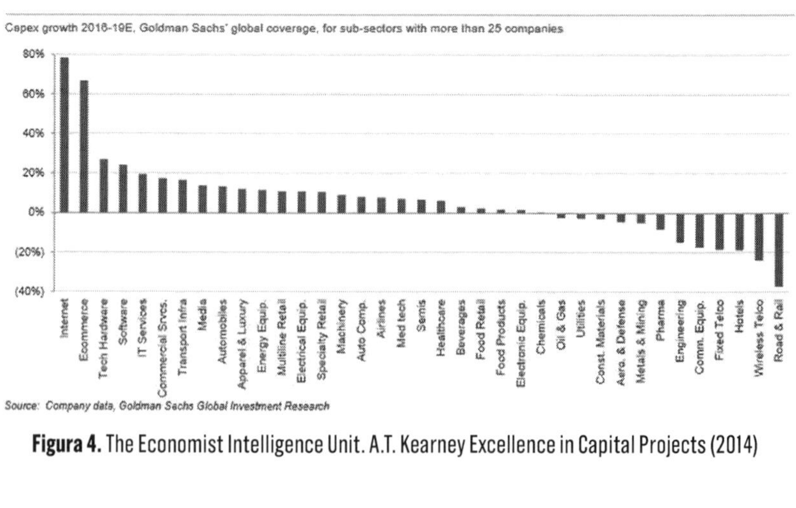

Figura 4. The Economist Intelligence Unit. A.T. Kearney Excellence in Capital Projects (2014)

Segundo Pereira (2014) o ciclo de vida das organizações está assim condicionado por vários fatores que determinam a sua longevidade:

- A visão do empreendedor e o seu permanente inconformismo;
- A capacidade de inovação e gestão da mudança da empresa;
- As competências dinâmicas, distintivas e de alto desempenho da equipa;
- A proposta de valor dos produtos e serviços que a empresa oferece ao mercado;
- A relação da empresa com os seus *stakeholders* numa partilha contínua de *Win/Win* na relação.

O prémio subjacente a este desafio é de alto risco, em particular porque se a empresa sobrevive, tipicamente está preparada, robusta e por isso mais imune à volatilidade exterior encontrando o seu *Blue Ocean*, mesmo que temporário. Se a empresa não se adapta tem dificuldade em permanecer no mercado e por isso é descontinuada ou adquirida. Para alcançar o sucesso organizacional as organizações devem assim procurar ser líderes em inovação, garantindo o investimento em projetos que tragam riqueza para a organização.

1.3. VANTAGEM COMPETITIVA DA INOVAÇÃO

Uma empresa com uma boa *performance* operacional mas que não seja orientada à inovação é uma empresa vulnerável, pois não está preparada para enfrentar o futuro perdendo no tempo interesse para o contexto em que se insere. Por sua vez, uma empresa orientada à inovação mas cuja per formance operacional é reduzida pode não ser solvente, caso não aposte na eficiência e eficácia da sua operação, tendo dificuldade em manter-se no presente, na maioria dos casos por dificuldades de tesouraria.

A inovação de hoje serão os produtos/serviços dos próximos três a cinco anos. Falhando a inovação, falha inevitavelmente a competitividade de médio prazo. Se as organizações fizerem uma retrospetiva do que ofereciam há cinco anos e compararem com a sua oferta atual, irão verificar uma mudança substancial. De igual forma se verificarmos a quantidade de projetos formulados em portefólio há cinco anos e observarmos a quantidade de projetos formulados na atualidade, verificamos igualmente um elevado incremento em proposta de mudança.

Concluímos assim que a mudança ocorre cada vez mais acelerada em tempo (menor ciclo de vida dos produtos) como também cada vez mais em substância (aumento do numero de projetos propostos). É porém imperativo que cada proposta seja efetiva em valor para a organização de forma a potenciar e alavancar ao máximo os seus recursos disponíveis.

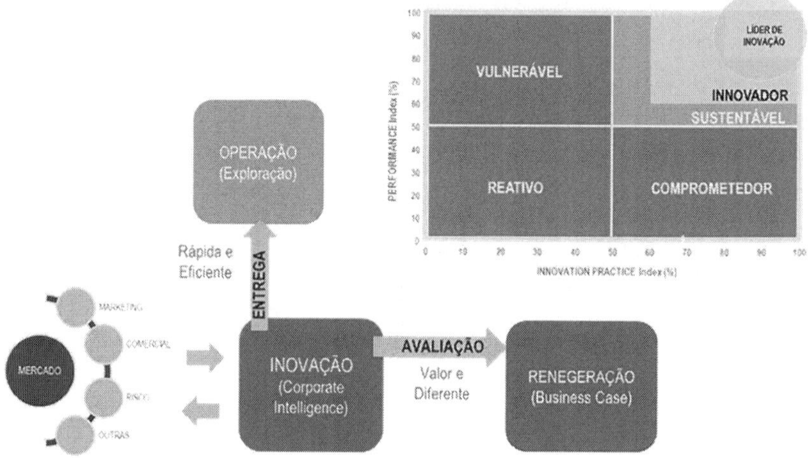

Figura 5. Sucesso Organizacional (Pereira, 2014)

De acordo com Pereira (2014), o novo paradigma da gestão empresarial define quatro fatores-chave, para a sustentabilidade e sucesso de uma empresa:

- Eficiência interna no âmbito da perspetiva do capital humano;
- Investimentos que criem riqueza, no prisma do capital financeiro;
- Renovação permantende do portfólio de produtos e serviços;
- Permanente adaptação e reinvenção do modelo de negócio e da estrutura organizacional.

Compreende-se, assim, que a capacidade de regeneração contínua das organizações é fundamental para que esta se diferencie da concorrência e crie valor para os acionistas. Numa realidade em que rapidamente novos modelos de negócio tornam os existentes obsoletos, a inovação deve ir além dos produtos/serviços e ganhos incrementais de eficiência. Inovar representa alterar por completo o modo de operar e definir novas práticas de gestão, de processos e estruturas (Hamel, 1998).

Porém, a inovação e regeneração das organizações é um processo que é necessário gerir, estruturar e provocar. Dada a importância e relevância do tema, a gestão de inovação é tipicamente endereçada à gestão de topo, uma vez que é responsável por comunicar uma visão partilhada, apoiar a mudança, reduzir a complexidade e desenvolver uma cultura organizacional propícia à inovação (Vaccaro, Jansen, Van Den Bosch, & Volberda, 2012). Birkinshaw et al. (2008) referem que estes "agentes da mudança" são essenciais para identificar as novas tendências do mercado e as necessidades da organização, conduzindo a gestão da inovação de forma deliberada.

Segundo Pereira (2014) **um dos maiores entraves ao sucesso organizacional que tipicamente conduz as empresas ao abismo é a permanente insistência em pressupostos** baseados no empirismo, na emoção e na pessoalização do mérito. Projetos surgem por acaso, de forma completamente casualista, sem um processo inteligente que os provoque de forma racional e efetiva. Sendo o portefólio de projectos atual o portefólio de produtos/serviços dos próximos anos, podemos concluir que estes têm uma base aleatória na maioria dos casos, os quais condicionam dramaticamente a organização.

O processo sistemático de provocar continuamente a organização de forma racional e inteligente é uma competência crítica e vital nos dias de hoje. Tipicamente este processo resulta da permanente insatisfação e inconformismo da gestão de topo ao garantir continuamente superar-se a si mesmo e à concorrência, o que é traduzido em Inteligência Competitiva, a qual consiste na permanente leitura do contexto externo e do contexto interno à organização.

Em termos de mercado, é necessário antecipar as suas tendências, a evolução da concorrência, identificar e avaliar ameaças e oportunidades por forma a definir ações ofensivas e/ou defensivas. Este *scanning* externo deve incluir toda a cadeia de valor, considerando, entre outros, os fornecedores, os concorrentes, os reguladores e os clientes. Por outro lado, a nível interno, é impreterível conhecer as necessidades, as dificuldades, as ineficiências, o excedente ou escassez de recursos. É através destes dois permanentes ouvidos externos e internos, alinhados com a estratégia organizacional, que a empresa formula propostas de valor e se reinventa em permanência.

O objetivo da Inteligência Competitiva é gerar vantagens competitivas sustentáveis permanentes através da alavancagem de oportunidades e da mitigação das ameaças identificadas, que se traduzem em projetos de investimento ao mesmo tempo que persegue a criação de uma organização *lean*.

Uma vez que os recursos disponíveis (capital humano, capital financeiro e capital tempo) são limitados, as organizações têm de fazer opções e pôr sempre em causa o custo de oportunidade das opções tomadas, por dois motivos essenciais:

1. Maximizar a aplicação dos recursos e ativos disponíveis;
2. Minimizar projetos que se convertem em *sunk cost's* e geram resultados negativos à organização.

Se a competência da formulação inteligente de propostas é crítica para a organização, é absolutamente pertinente que possamos medir as propostas de valor de forma isenta, rigorosa e imparcial para podemos fazer opções e converter ideias em valor, relegando para segundo plano a origem das propostas ou o efeito de que é "estratégico" e por isso não se mede. É desta forma que surge a necessidade de estabelecer cientificidade na avaliação da inovação através de processos organizacionais de avaliação de projetos, isto é, *Business Cases.*

O esquema da figura 6 sintetiza esse processo, que será posteriormente detalhado.

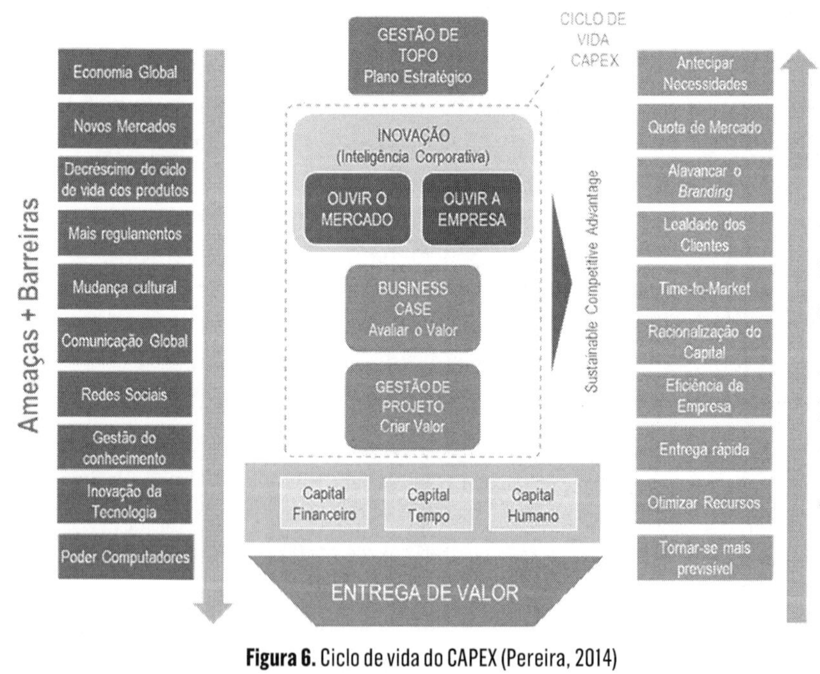

Figura 6. Ciclo de vida do CAPEX (Pereira, 2014)

A par da inteligência corporativa, da avaliação rigorosa da proposta de valor dos projectos, surge a necessidade de passar do papel ao produto/ /serviço. Só assim é que a inovação realmente acontece e se torna efetiva (Pascale, Millemann, & Gioja, 1997). A gestão da mudança é na maioria das organizações um entrave e não um acelerador do processo, sendo por isso critico garantir o "Buy-In" dos *stakeholders*.

Entende-se por *stakeholders* «todos os grupos ou indivíduos que podem afetar ou ser afetados pela ação de uma determinada empresa ou entidade» (Freeman, 2004). No entanto, são também «a base e o pilar de sobrevivência e do sucesso de qualquer organização» (Freeman, 2004). Torna-se, portanto, essencial que se criem relações *win-win* entre a organização e os seus *stakeholders*, proporcionando um ambiente favorável ao processo de mudança e ao alcance dos objetivos. Por forma a envolvê-los e minimizar objeções, é fundamental que se delineie uma estratégia de comunicação eficaz para cada grupo ou indivíduo, uma vez que os interesses, os comportamentos e as prioridades são diferentes entre eles.

A par da resistência à mudança é típico nas organizações que os projetos sirvam muitas vezes de "desculpas" ou "boleias" com cabimento orçamental para implementar ideais emocionais ou comodismos com valor muito questionável, desvirtuando assim grosseiramente a missão do projeto, aumentando o seu custo e atrasando o momento da entrega do ativo para exploração. A inexistência de benefícios quantitativos é o mote e a condição de permiabilidade tipicamente perfeita para tal fenómeno acontecer e penalizar a organização. Esta situação tem maior incidência em projetos de caracter legal/conformidade onde alguns gestores se refugiam para implementar os seus ideais.

1.4. CRIAÇÃO DE VALOR

O panorama de dificuldades atual, a par com o efeito recessivo da contração económica, conduz ao aumento do grau de exigência dos investimentos em projetos por forma a impulsionar o crescimento do negócio, pois a margem para errar é mais reduzida. No entanto, a grande maioria das empresas continua a investir em projetos com resultados incertos, que resultam em iniciativas falhadas, objetivos não-cumpridos e custos desnecessários.

Os investimentos têm que ser mais previsíveis, evitando desvios ao âmbito, ao orçamento e ao prazo, com pena de não criarem valor para a organização. Para além disso, esta exigência traduz-se também num maior *value for money*, procurando extrair o máximo valor dos investimentos, pois caso contrário o custo de oportunidade será elevado. **Saber investir nos projetos certos é sinónimo de regeneração organizacional rumo à prosperidade**.

Tendo por base o objetivo dos gestores em maximizar riqueza e gerar valor acrescentado, as organizações devem concentrar-se nos benefícios dos projetos e não no custo financeiro de os implementar. Existem cinco erros típicos das organizações e dos seus gestores nesta avaliação:

1. Tentar avaliar o valor das "coisas" pelo objecto em si, em vez de pelo efeito que este gera na organização;
2. Dar apenas valor às "coisas" quando não as temos ou ficamos sem elas, deixando de as explorar convenientemente quando as possuímos;
3. Tentar medir o valor dos projetos através de benefícios primitivos e não benefícios instanciados (ver capítulo 1.4.2.);
4. Tentar medir dezenas de benefícios o que, para além de primitivos, tornaria o processo de avaliação mais demorado do que a realização do próprio projeto;
5. Proteger os projetos com uma áurea de "estratégicos" porque oriundos do topo e, portanto, considerados inquestionáveis.

Estes fenómenos resultam de uma visão do capitalismo moderno e do seu efeito sobre a sociedade, tendo esta desenvolvido fórmulas fáceis de quantificação, perigando um dos princípios mais nobres da gestão e exploração de ativos, o princípio da utilidade.

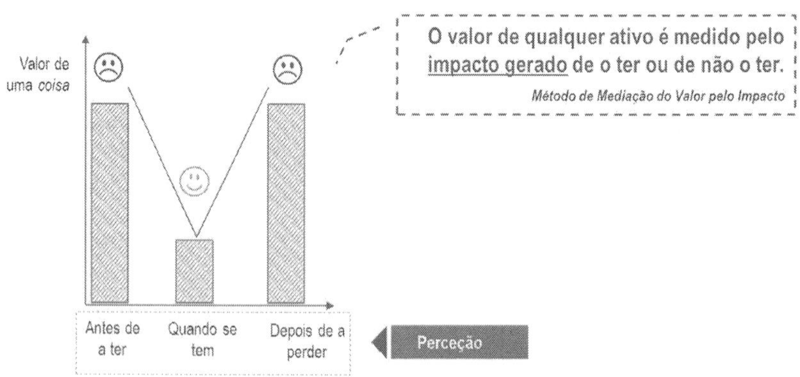

Figura 7. O Princípio do Valor das Coisas (Pereira, 2014)

Neste sentido, aquando da realização de um *Business Case* estar-se-á a analisar a sua viabilidade com base no valor económico gerado (princípio do valor económico), pelo que a dimensão financeira/contabilística é relegada para segundo plano. Desta forma, o valor económico não é medido pelo custo mas sim pelo impacto económico que as iniciativas geram, pelo que no processo de realização do *Business Case* nomeadamente na identificação dos benefícios, é crítico ter presente o racional do princípio do valor das coisas (Figura 7).

Como complemento a este princípio surge a técnica **The Futures Wheel** (explicada no capítulo 5.1.2.4.) a qual permite auxiliar na esquematização dos impactos da solução, isto é, dos benefícios esperados pelos efeitos na conta de resultados da organização. Esta técnica consiste em representar graficamente as consequências diretas e indiretas do projeto para a organização, isto é, derivar o impacto do projeto até à conta de resultados. Trata-se de um *brainstorming* estruturado em que se registam possíveis impactos do projeto, oferecendo uma perspetiva futura do mesmo.

Desta forma, o valor económico do dinheiro é sempre relativo ao seu resultado. Um projeto com um investimento de 10k€ pode ser muito caro em comparação com um projeto de 100k€, pois tudo depende do valor que cada um deles gera. Se com 10k€ geramos apenas 5k€ este projeto é muito caro e prejudicial à organização, se com 100k€ gerarmos 200k€, este projeto é muito barato e altamente benéfico para a organização.

Deste modo, o orçamento (*budget*) alocado aos projetos deve ser definido em função dos benefícios que estes proporcionam, e não o inverso. Se definirmos a nossa viagem em função da gasolina que colocamos no depósito, podemos viajar para um local que não nos interessa e provavelmente o melhor seria nem viajar.

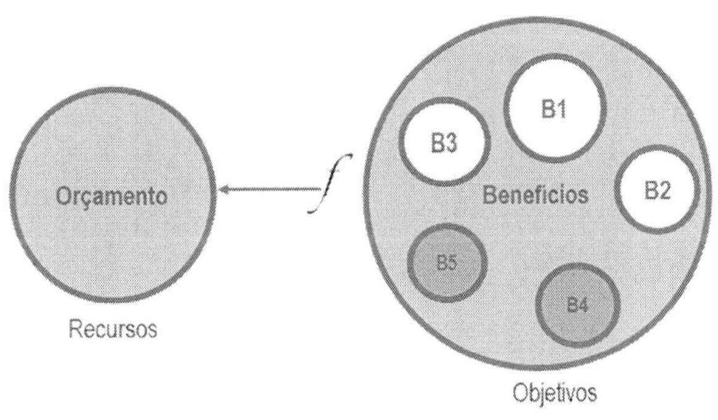

Figura 8. Orçamentação com Base nos Benefícios (Pereira, 2014)

É ainda pertinente referir que a maioria das organizações tem muita dificuldade em medir o valor dos seus projetos, pois a lista (hipotética e baseada em pressupostos) da quantidade de possíveis benefícios inibe a organização de medir assertivamente e eficazmente nem que seja um único, pondo assim em causa o princípio da relevância, do pragmatismo e da assertividade proposta pela Lei de Pareto. É desta forma que muitas vezes é usada esta estratégia como refúgio para que o projeto passe "por entre as gotas" e seja protegido até ao momento da sua implementação.

Quando não existem benefícios quantitativos, o orçamento de custo é sempre demasiado grande ao início e a discussão é concentrada em como esmagar ao máximo esta componente, perigando na maioria dos casos os benefícios do projeto, sendo o sucesso deste avaliado pelo cumprir ou não cumprir do orçamento estabelecido. O facto de estarmos a avaliar o sucesso pelos meios e não pelos fins ou objectivos inibe a organização de se concentrar na sua missão principal: Gerar valor económico.

Após este momento inicial, surge o flagelo das permanentes mudanças ao âmbito com o consequente desvio de orçamento. Como não há benefícios quantitativos, as alterações tornam-se permanentes pois deconhece-se o limite em que o projeto continua a fazer sentido e a retornar valor económico para a organização.

É assim crítico que as organizações passem a avaliar o sucesso dos projetos não pelo desvio de orçamento, mas pela diferença entre a proposta de ROI inicial e o ROI final verificado (Pereira, 2014).

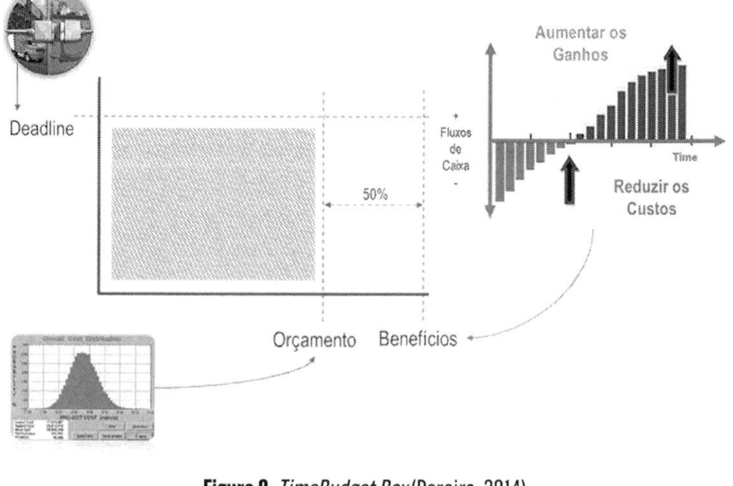

Figura 9. *TimeBudget Box* (Pereira, 2014)

A figura 9 ilustra como deve ser definido o orçamento de um projeto. Primeiro, devem ser calculados os benefícios (valor económico) do projeto e só a partir destes é que deve ser deduzido e ajustado o orçamento, numa equação dinâmica de maximização do valor gerado. É prática comum em organizações com maior maturidade aspirar a um ROI de pelo menos 50%, valor para o qual se deve competir na conquista de recursos para a sua implementação.

O ROI é assim uma ferramenta que permite às organizações avaliarem os seus projetos com base nos benefícios estimados face ao investimento necessário, passando a tomada de decisão a estar centrada nos benefícios e não no orçamento disponível. No entanto, o cálculo do ROI deve ser rigoroso e imparcial, para garantir a veracidade do indicador. Mais uma vez, se pretendemos que os investimentos sejam previsíveis, é necessário que as ferramentas de avaliação sejam robustas e adequadas.

Para além do ROI, outro indicador que analisa o valor de um projeto é o EVA (Economic Value Added). Este indicador representa o valor gerado por uma realidade económica após remunerados todos os fatores que lhe estão afetos, incluindo o investimento líquido médio (do ativo económico).

$$\text{EVA} = \text{Resultado Operacional} - [\text{k\%}^{1} \times \text{Ativo Económico}^{2}] - \text{Imposto sobre o rendimento}$$

Um dos objetivos deste indicador é demonstrar se uma organização está efetivamente a criar riqueza, possibilitando a avaliação de decisões tomadas, a projeção de cenários futuros e o conhecimento das causas da criação ou destruição de valor. Um EVA negativo significa que a realidade em análise não tem capacidade para acrescentar mas sim destruir valor, pois não consegue gerar riqueza suficiente para cobrir os recursos operacionais que necessita. (Borges & Rodrigues , 2008)

[1] k% é taxa de custo ponderada entre o custo de oportunidade dos capitais próprios e a taxa de juro pela respetiva estrutura de financiamento. O k% representa a % do custo de capital da empresa.

[2] O Ativo Económico é o investimento líquido afeto ao negócio. O Ativo Económico é composto pelos Ativos fixos tangíveis e intangíveis e as Necessidades de Fundo de Maneio (Clientes + Inventários – Fornecedores) (Borges & Rodrigues, 2008).

1.4.1. DIMENSÕES DA CAPTURA DE BENEFÍCIOS

Numa perspetiva económica existem apenas quatro formas de criar valor numa organização (Pereira, 2014), as quais classificam os quatro tipos de benefícios de um determinado projeto e instanciam o valor de uma estratégia empresarial:

Figura 10. Pereira Diamond (1º Nível) (Pereira, 2014)

Estas dimensões deverão ser a base da justificação e formulação de qualquer projeto e deverão seguir o princípio do valor das "coisas", é medido de acordo com o impacto gerado na organização. Assim uma iniciativa surge tipicamente pela necessidade de aumentar o negócio, pela necessidade de aumentar a eficiência, pela necessidade de reduzir os custos ou porque existem obrigações legais que implicam garantia de conformidade. De forma a instanciar e organizar os benefícios da iniciativa em análise, cada uma destas dimensões pode considerar diferentes hipóteses consoante o problema que está a endereçar.

- **Aumento de Negócio.** Significa o aumento da receita para a organização, seja pela via de atrair novos clientes, por aumentar a relação com os clientes existentes (quer pela via de aumento do volume das transções comerciais, quer pela via da diversificação do portfólio na relação com cada cliente) ou ainda por aumentar o período de permanência ou fidelização dos clientes, evitando o seu abandono.

Qualquer uma destas dimensões gera receita diretamente para a organização e aumenta a relação desta com os seus *stakeholders* externos. Se a taxa de atração de novos clientes for menor que a taxa de abandono dos clientes atuais, a empresa está a perder quota de mercado e portanto competitividade. Esta dimensão deve representar mais de 50% do portfólio de projetos da organização e portanto a sua energia deve estar direcionada para a permanente entrega de (novo) valor para o mercado.

- **Redução de Custo.** Significa efetivamente decremento da conta de custos na organização, ou pelo menos, evitar que novos custos surjam. Tipicamente esta dimensão é confundida com eficiência organizacional, que do ponto de vista técnico não reduz no curto prazo os custos da organização. A redução de custos pode incidir em múltiplas naturezas de custo, tais como, *outsourcing*, fornecedores de materiais, equipamentos, serviços como eletricidade, combustíveis, água, rendas e custos financeiros, entre outros. O ROI dos projetos de redução de custo são diretamente comparados com o ROI de projetos de aumento de receita pois o efeito é direto e identico na conta de resultados. Em periodos de recessão económica esta dimensão assume elevada preponderância, pois pelo facto de não se poder aumentar a quota de mercado, atua-se no (re)corte dos custos internos à organização. Porém, esta prática deve ser permanente e contínua na organização.
- **Aumento da Eficiência.** Significa libertar capacidade (tempo) dos quadros internos à organização. Não há por isso um efeito de redução de custo imediato ou de aumento de receita, aquilo que se observa é que as pessoas gastam menos tempo com um determinado processo. Como a empresa continua a pagar os mesmos salários às pessoas, o efeito não é direto na conta de resultados. É absolutamente recomendado que a valorização da eficiência seja feita no efeito direto ou imediato e não nos efeitos colaterais ou secundários, valorizando-se assim a eficiência através do custo hora multiplicado pelo volume de horas libertas pelo projeto. O ROI dos projetos de eficiência assume assim um capital "virtual" cuja comparação não pode ser direta com projetos de aumento de receita ou de redução de custo, de capital "real". Interessa ainda notar que numa era tecnológica como a que atravessamos é permanente a organização vislumbrar-se com projetos de automatização e otimização de processos internos, descurando e

relegando para segundo plano iniciativas de negócio e de relação com os seus *stakeholders*.

- **Conformidade Legal.** Significa que a organização tem de garantir que opera dentro da legalidade exigida e portanto em conformidade com o regulador e/ou o grupo empresarial a que pertence. A volatilidade do contexto económico atual obriga a que as entidades reguladoras estejam permanentemente a estabelecer novos padrões de conduta de forma a tentar evitar a fraude e a garantir condições de mercado saudáveis. O valor da conformidade legal pode ser visto como a penalidade/coima que é evitada pelo projeto ser implementado, a qual no limite pode ser perder a licença em poder operar ou num cenário mais permissivo pagar um valor monetário (coima) pelo incumprimento. É de notar que em determinadas

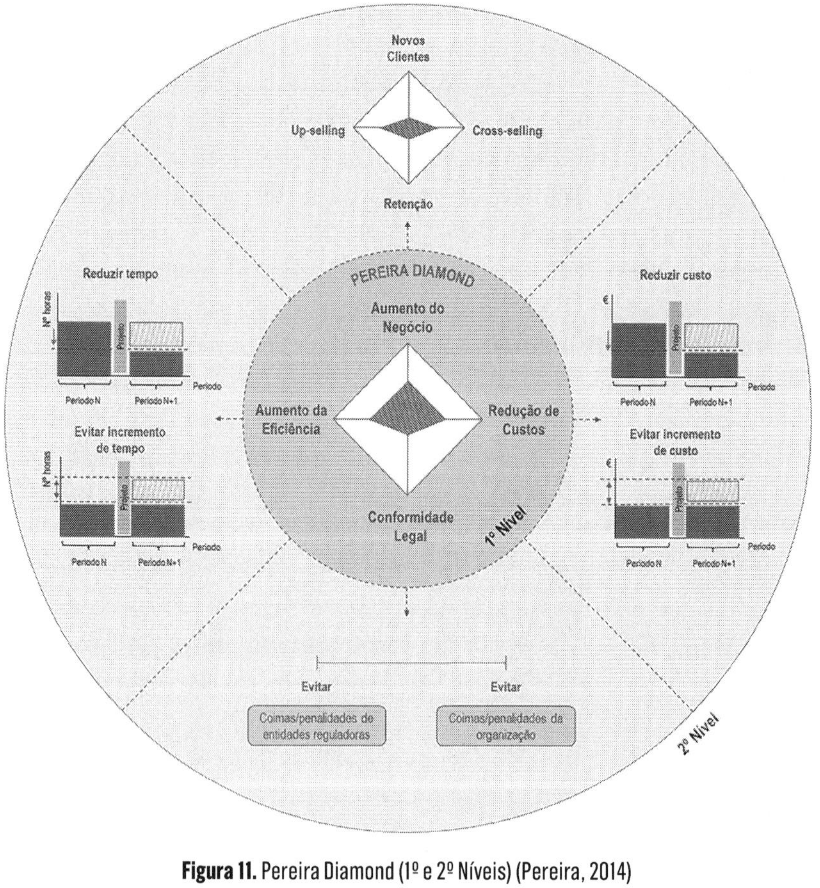

Figura 11. Pereira Diamond (1º e 2º Níveis) (Pereira, 2014)

áreas e setores de atividade, como é o caso da Banca e das Telecomunicações, o número de projetos implementados anualmente de caráter legal é superior a várias dezenas, tendo a organização que dispender uma elevada energia para o efeito e pagando um elevado custo de oportunidade.

Do ponto de vista da formulação dos projetos em termos de benefícios, recomenda-se que estes sejam instanciados no segundo nível de criação de valor, nomeadamente se o projeto for de aumento de negócio em termos de benefício principal. É possível que um determinado projeto possua benefícios em mais do que uma dimensão. Porém, quanto mais dimensões o projeto perseguir maior será a sua dimensão global e mais demorará para entregar os benefícios à organização, o que não é recomendável em periodos de elevada volatilidade do contexto.

1.4.1.1. AUMENTO DO NEGÓCIO

Os benefícios de um projeto que ambicione o aumento de negócio estão sempre relacionados com o exterior e a relação com o mercado. O objetivo inerente a uma iniciativa é o aumento da receita da empresa, por via de:

A. **Aumento da quota de mercado**, através da diversificação do portfólio ou do aumento de áreas geográficas (desenvolvimento de produtos ou desenvolvimento de mercado, respetivamente). Pretende-se assim aumentar o volume de vendas através da atração de novos clientes;
B. **Aumento do *cross-selling*** (vender mais de outros produtos/serviços aos clientes existentes). Pretende-se aumentar o volume de vendas através da satisfação de clientes atuais;
C. **Aumento do *up-selling*** (vender mais do mesmo produto/serviço aos clientes existentes). Pretende-se aumentar o volume de vendas através da satisfação de clientes atuais;
D. **Aumento da fidelização de clientes** (aumento do ciclo de vida do cliente). Pretende-se aumentar o tempo que o cliente fica na empresa através da retenção de clientes atuais, ou seja, evitando a disrupção da relação.

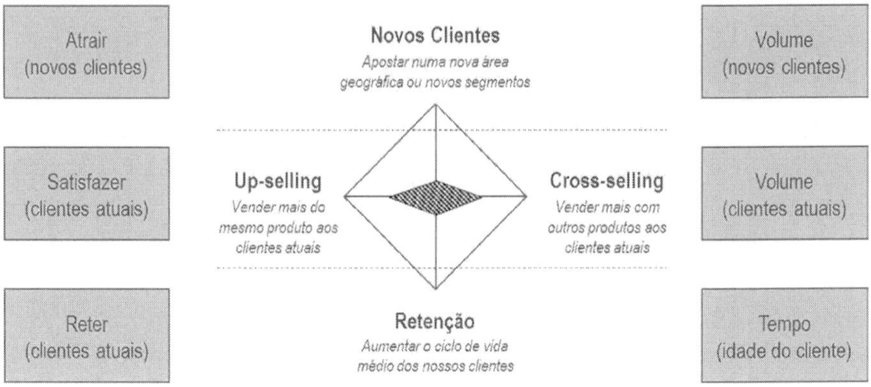

Figura 12. Pereira Diamond: Aumento de Negócio (Pereira, 2014)

1.4.1.2. REDUÇÃO DE CUSTOS

Nesta dimensão, o objetivo inerente à iniciativa é obter um decréscimo efetivo na conta de custos da empresa. Esta diminuição nos custos traduz-se numa redução financeira, e não numa mera redução de horas de trabalho ou de esforço das equipas, ao contrário dos projetos na dimensão de eficiência.

A redução de custos enquanto benefício é quantificada pela redução de um custo existente na organização ou evitando um custo que se terá futuramente, caso nada seja feito para evitá-lo. Para os determinar basta identificar os custos existentes num processo atual e/ou estimar os custos que surgirão no futuro, sendo um tipo de projeto com impactos no curto-prazo.

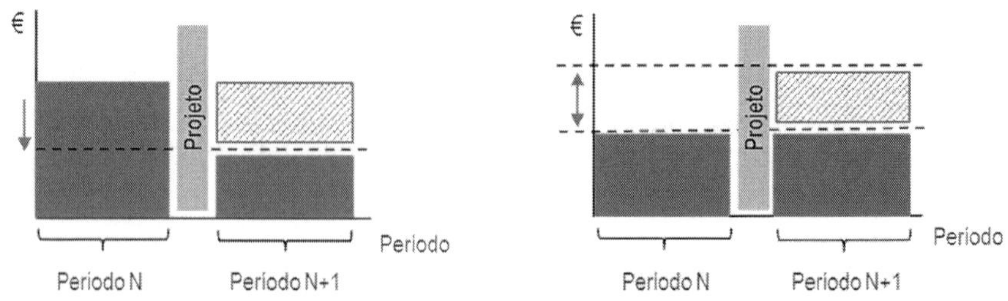

Figura 13. Pereira Diamond: Redução de Custos

1.4.1.3. AUMENTO DA EFICIÊNCIA

Os projetos de aumento de eficiência não têm uma implicação económico-financeira, ou seja, não têm um impacto direto na conta de custos da empresa. Têm sim, por outro lado, um impacto na capacidade humana, através da otimização dos processos que libertam tempo das equipas e das pessoas.

A quantificação dos benefícios nesta dimensão assenta na redução do tempo de um determinado processo ou em projetos que procuram evitar um incremento futuro no tempo de um processo. Uma vez reduzido o tempo de um processo, os recursos podem ser libertados ou mobilizados para outro processo.

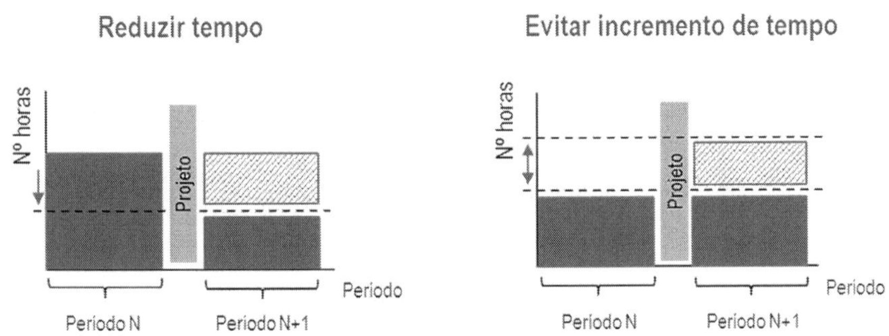

Figura 14. Pereira Diamond: Aumento de Eficiência (Pereira, 2014)

1.4.1.4. CONFORMIDADE LEGAL

Os projetos de conformidade legal são projetos que garantem que a empresa está a cumprir as imposições de entidades reguladoras e das políticas do grupo onde se insere. Nestas condições, os projetos avançam sem a necessidade de quantificar os benefícios, uma vez que têm carácter obrigatório.

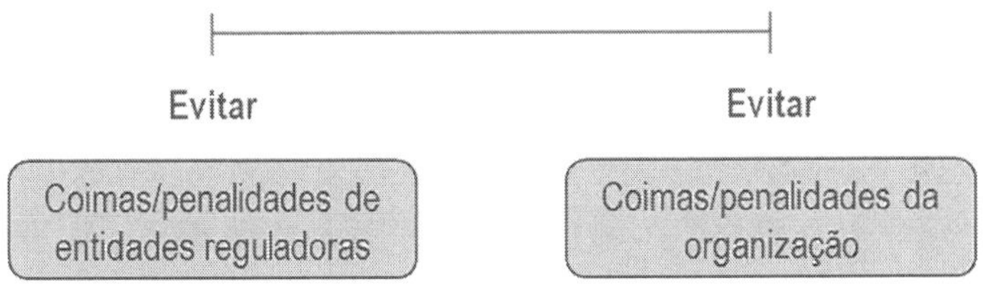

Figura 15. Pereira Diamond: Conformidade Legal (Pereira, 2014)

No entanto, há que ter especial atenção para que os projetos de carácter legal se cinjam ao âmbito legal imposto, isto é, limitar o âmbito apenas ao que unicamente legalmente é exigido. Pode-se usar a técnica In/Out Scope, também conhecida como técnica do "contraditório", para validar a fronteira do âmbito. Esta validação é feita questionando: "Caso esta componente não seja incluída no projeto, o objetivo primordial do projeto é afetado? Qual é a relação causa-efeito entre a componente e o benefício de conformidade legal?".

Pretende-se incluir âmbito gratuitamente ("já agora", "era interessante se", "dava jeito que"), pois implicam desvios no projeto em termos de âmbito, custo e tempo, que não estão planeados.

A tabela seguinte apresenta um resumo da classificação dos benefícios:

Tabela 1. Classificação dos benefícios (Pereira, 2014)

	Impactos	Tempo	Estratégia	Capital
Aumento de Negócio	• Novos Clientes • *Up-selling* • *Cross-selling* • *Retenção*	• Aumentar posição (passado--presente) • Evitar perda (futuro)	Curto-Médio prazo	Financeiro
Redução de Custos	Liberta capital financeiro	• Eliminar (passado-presente) • Evitar (futuro)	Curto prazo	Financeiro
Aumento de Eficiência	Liberta capacidade (dinheiro "virtual")	• Eliminar (passado-presente) • Evitar (futuro)	Longo prazo	Humano
Conformidade Legal	• Coimas • Estruturais (imagem)	• Eliminar (passado-presente) • Evitar (futuro)	Curto prazo	Financeiro Credibilidade

1.4.2. BENEFÍCIOS PRIMITIVOS E INSTANCIADOS

Por forma a tornar os benefícios em algo quantificável é necessário instanciá-los. Não basta afirmar que o projeto permite reduzir a insatisfação dos clientes pois a redução da insatisfação, *per si*, não se traduz em benefício na conta de resultados. Este benefício primitivo tem de ser transformado num benefício instanciado como, por exemplo, o aumento do ciclo de vida do cliente através de uma melhor relação. Ou seja, aumento da satisfação.

Ao passo que a redução da insatisfação do cliente não permite concluir qual o valor que o projeto proporciona, o aumento do ciclo de vida do cliente é passível de ser quantificado ou, em alternativa, aumentar a satisfação dos colaboradores não significa diretamente que os conflitos se reduzam, os erros se evitem e o esforço de execução seja menor.

Concluindo, a identificação e quantificação dos benefícios não se pode calcular de forma assertiva e objectiva se o benefício não instanciar os efeitos/impactos na conta de resultados. Um dos principais motivos pelos quais falha a quantificação de benefícios nas organizações é exatamente esta: A não formulação de efeitos de forma instanciada.

Tabela 2. Benefícios Primitivos *vs.* Benefícios Instanciados (Pereira, 2014)

Benefício Primitivo	Causa → Efeito	Benefício Instanciado
Aumentar a qualidade do processo	→	Reduzir o *rework*[3] do processo devido ao nº de erros
Reduzir insatisfação dos clientes	→	Aumentar o ciclo de vida do cliente através de uma melhor relação
Aumentar a motivação dos colaboradores	→	Reduzir o tempo dos processos por aumento de motivação dos colaboradores

Com base no princípio de Pareto, a estimativa do retorno de investimento deverá considerar 20% dos principais benefícios gerados (idealmente até 3 benefícios), uma vez que estes deverão pelo menos representar 80% do valor gerado. Os restantes benefícios identificados deverão ser classificados como intangíveis pela sua dimensão residual ou pela decisão de não terem de ser calculados para justificar a iniciativa.

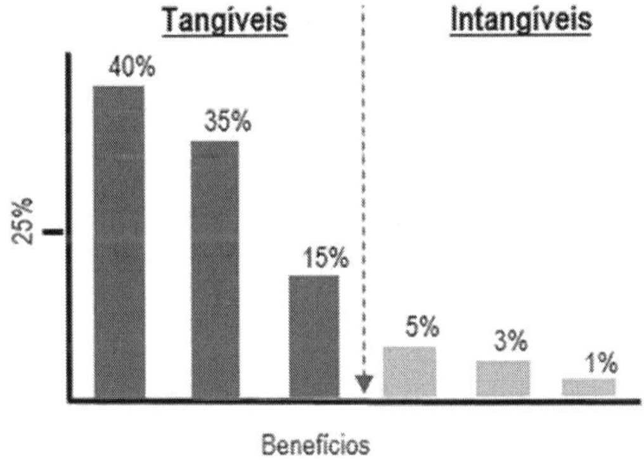

Figura 16. Exemplo de Histograma de Pareto

[3] *Rework* consiste na execução da mesma tarefa em duplicado, normalmente causada pela ineficiência de processos/ferramentas que provocam a criação de erros e consequentemente a necessidade de refazer essa atividade.

O princípio subjacente a esta decisão prende-se com o facto de, se os três principais benefícios (razão da missão do projeto) não justificam o investimento, então estar a quantificar cada um dos restantes benefícios é literalmente forçar a que o projeto aconteça, não pela razão principal, mas por efeitos colaterais, numa tentativa emocional de argumentar e prejudicando assim a organização. No capítulo **5.3.2.2.** poderá encontrar mais detalhe sobre a técnica *Pareto Analysis*.

2.

O que é um Business Case

A crescente necessidade de mostrar trabalho e iniciativa e de prometer aos accionistas ou gestores de topo resultados aparentemente fantásticos, conduz muitas organizações e muitos gestores a desenvolverem justificações infundadas, desajustadas e por vezes até maquilhadas nos bastidores. A maioria dos *Business Cases* nas nossas organizações não passa de um simples Jogo de Excel ("*Excel Mania*") carregado de pressupostos viciados, mergulhados numa lógica duvidosa e altamente questionável para garantir o "sim" do projeto e o respetivo cabimento orçamental, sendo sacrificado o Excel para dar o resultado que à partida tem de dar.

De uma forma geral, os projetos são justificados com benefícios quali tativos, listados em formato de promessas tentadas ou axiomas baseados em deduções, inferências ou suposições cujo grau de veracidade é no mínimo questionável e muita vezes movidos por imediatismos, vaidades ou necessidade de protagonismo e poder.

Para além desta prática menos responsável em muitas organizações, a validação da sua veracidade e rigor torna-se díficil, pois as variáveis e o contexto são tão voláteis que, quando chegamos ao momento de medir os resultados, ou não medimos ou ancoramos a nossa justificação nas condições exógenas em que estamos mergulhados e devido às quais era muito difícil prever qualquer tipo de alteração.

É assim essencial garantir que o momento inicial de configuração de um *Business Case* assenta não em pressupostos ou expectativas emocionais, mas sim em estimativas obtidas através de processos comprovados e isentos.

O *Business Case* é um processo de avaliação independente e rigoroso de uma iniciativa, que visa a criação de valor na organização através da aplicação dos seus meios financeiros, humanos e de tempo.

Assim os *Business Cases* surgem no sentido de auxiliar as organizações a elevar a sua inteligencia competitiva apoiando a gestão no processo de tomada de decisão de projetos que potenciem riqueza para a organização e a maximização do potencial dos recursos.

É importante realçar que para tirar o máximo proveito da ferramenta de *Business Case*, é determinante que se desenvolva uma cultura de gestão por benefícios, de gestão por objetivos e de contínua regeneração e reinvenção organizacional que sustente continuamente decisões com base nos proveitos gerados (benefícios) e não nos custos (orçamento).

O *Business Case* consiste num percurso sólido de avaliação de iniciativas através de várias etapas bem definidas, aliadas a vários indicadores fiáveis que permitirão apurar com boa margem de segurança qual o ROI de uma iniciativa, sendo permitido justificar e selecionar iniciativas com base num processo imparcial, objetivo e racional.

Além da justificação do projeto, ou seja, da avaliação da sua viabilidade económica e da decisão de avançar com a sua implementação, o *Business Case* permite criar uma *baseline* para a futura gestão de benefícios ao longo do período de exploração do projeto. Deste modo, o *Business Case* torna-se um elemento chave para a medição dos resultados e do desempenho dos benefícios face ao estimado, fomentando o princípio de *lessons learned* e de melhoria contínua, bem como a responsabilização dos gestores pelas suas decisões.

Para além do cenário anteriormente referido é comum acontecer que um *Business Case* seja utilizado para apreciar qual das melhores alternativas de solução é a mais efetiva em termos de valor para a organização para resolver um determinado problema. Assim, o problema de partida é único, mas as soluções alternativas são várias e cada uma delas pode configurar uma solução diferente em termos de proposta, tendo cada cenário alternativo um conjunto de conclusões (SWOT, alinhamento estratégico, indicadores de análise economico-financeira, indicadores de contexto, entre outros).

Tecnicamente um *Business Case* pode falhar pela não observação de três informações (estimativas) que há partida foram estabelecidas:

- Os benefícios em exploração que se observam são inferiores ao estimado;
- Os custos reais relativos ao orçamento de investimento inicial foram superiores;
- Os custos operacionais para acompanharem a exploração foram superiores ao estimado.

É de salientar que o processo de *Business Case* assenta no planeamento estratégico da organização. Segundo Grantt, o planeamento estratégico implica o uso de recursos e capacidades da empresa, direcionando-a para a obtenção de uma rentabilidade superior aos concorrentes através da criação de vantagens competitivas (Grantt, 1991). É de salientar que a origem de um investimento pode surgir em resposta a uma necessidade/oportunidade de mercado (alavancar o aumento de negócio pela via de novos clientes ou atuais clientes) ou em resposta a necessidades internas da organização (aumento de eficiência e/ou redução de custos).

Assim, o investimento é um fator impulsionador do negócio. É através dele que as organizações poderão inovar e responder às novas tendências de mercado. No entanto, a criação de vantagens competitivas também depende dos recursos e capacidades únicas que a organização traz para a competição, pelo que se torna essencial a descoberta desses recursos e capacidades no interior da organização, sobretudo recursos raros, valiosos, insubstituíveis e difíceis de serem imitados pelos concorrentes pois contribuirão para a sustentabilidade do negócio (Barney, 1995). Essa gestão interna dos recursos, o fomentar de uma cultura de incentivo à cria tividade e participação dos colaboradores, aliada à leitura contínua do mercado (clientes, fornecedores, competidores, reguladores, entre outros) permitirá dar respostas inovadoras rumo ao sucesso empresarial. Elevar esta inteligência na organização permitindo de forma sistemática transformar informações e partes aleatórias de dados em conhecimento estratégico e em ações é classificado como Inteligência Competitiva (*Competitive Intelligence*) (Tyson, 2002).

Em síntese, para a sustentabilidade do negócio, o percurso de *Business Case* assenta no princípio do valor económico gerado (isto é, pelo impacto gerado pelo investimento) e na adoção de uma inteligência competitiva contínua na organização.

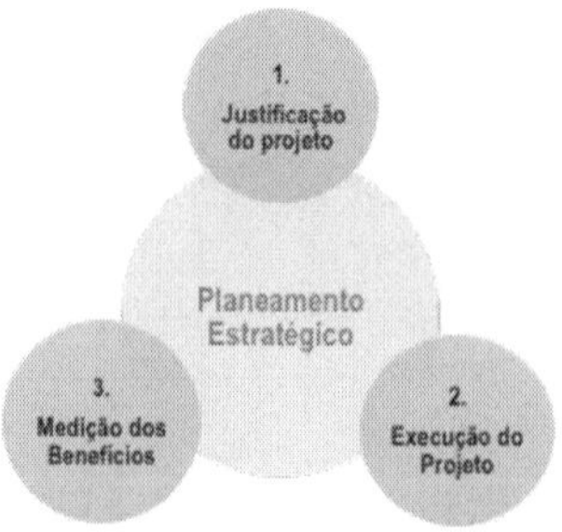

Figura 17. As Três Macro Fases de um *Business Case* (Pereira, 2014)

O *Business Case* é composto por três macro-fases fundamentais, todas sustentadas na estratégia da empresa e de igual modo relevantes:

Fase 1: Justificação do Projeto;
Fase 2: Execução do Projeto;
Fase 3: Medição dos Benefícios.

Com a implementação das três fases anteriores aliadas às práticas de *Business Case*, a organização estará apta a alcançar os seguintes objetivos:

a. Dotar a organização de **técnicas e ferramentas** de gestão altamente comprovadas no mundo empresarial e científico;
b. "**Despessoaliza**r" a avaliação dos projetos. Isto é, implementação de um processo de *Business Case* com qualidade, permitindo que duas pessoas ou equipas diferentes nas mesmas circunstâncias cheguem à mesma conclusão sobre o retorno de um projeto;
c. Minimizar os pressupostos e a subjetividade na avaliação dos projetos;
d. Preparar a organização para ter a capacidade efetiva de leitura, interpretação e antecipação do mercado para a consequente proposta de iniciativas que gerem valor;
e. Garantir que os projetos estão alinhados com os objetivos estratégicos e contribuem para os mesmos;
f. Apoiar o processo de tomada de decisão para que seja isento e imparcial e para que estes contribuam efetivamente para a criação de valor da organização, evitando derrapagens de projetos na fase da realização dos benefícios;
g. Apoiar na decisão de aplicação de recursos para maximizar a criação de riqueza e eficiência organizacional;

h. Incentivar e elevar a inteligência corporativa através de propostas e iniciativas de criação de valor. Cultivar uma cultura de participação coletiva pelos colaboradores da organização é um passo essencial para o processo contínuo de apresentação de propostas de valor;
i. Estimular o desenvolvimento de uma cultura orientada à gestão por benefícios, dando a possibilidade de definir um orçamento com base nas propostas de valor apresentadas pelos departamentos e em função dos benefícios que estas proporcionarão;
j. Dotar a organização da capacidade de medir em exploração os resultados dos projetos implementados.

O cálculo do ROI dos projetos é composto por três componentes principais, as quais deverão ser estimadas com rigor e obtidas através de processos comprovados:

1. **Plano de Investimento**. É o orçamento necessário para implementar o projeto e por isso desenvolver o activo para exploração. Caso o custo que se verifique seja superior ao orçamento, então, o ROI é menor;
2. **Plano de Benefícios**. É o impacto observado nas dimensões de criação de valor (aumento de receita, redução de custo, eficiência ou conformidade legal). Caso o benefício observado seja inferior ao estimado, o ROI é menor;
3. **Plano de Novos Custos Operacionais**. É o novo custo operacional e de carácter recorrente em que a organização tem de incorrer para garantir que o produto ou serviço são devidamente explorados. Caso o novo custo operacional seja superior ao estimado, o ROI é menor.

Assim o ROI é calculado da seguinte forma:

$$ROI = \frac{\text{Benefícios} - \text{Custo Operacional}}{\text{Investimento}} - 1$$

De notar que o custo do processo de elaboração de *Business Cases* não deve constar na análise de ROI, visto que é um *sunk cost*, ou seja, é um custo que já ocorreu e que foi essencial para a organização tomar uma decisão. É desta forma posicionado como um custo de gestão, *overhead*.

3.

Business Case no contexto organizacional

3.1. MISSÃO DO GESTOR

Em que medida irá o *Business Case* apoiar os gestores das organizações a cumprirem o seu papel? Qual a verdadeira missão de um gestor?

A missão de um gestor, em qualquer organização com fins lucrativos é a de criar riqueza através da aplicação inteligente dos recursos e dos ativos que têm ao seu dispor. Para o efeito, a ferramenta de *Business Case* assume-se como um instrumento essencial para a prossecução dos objectivos e para a tomada de decisão alinhada com as orientações estratégicas visando alcançar vantagens competitivas sustentáveis.

A avaliação do gestor deve assim ser baseada neste processo elementar e crítico, relegando para segundo plano objectivos qualitativos ou bom uso dos meios, independentemente dos resultados alcançados. Não devemos, assim, enfatizar os meios e valorizá-los inconvenientemente convertendo-os em objetivos da gestão.

Na verdade, podemos avaliar positivamente um gestor por não ter gasto mais do que aquilo que lhe foi disponibilizado, se nenhum ou pouco valor conseguiu obter com a sua aplicação? Ou, como avaliamos um gestor que gastou mais 20% do orçamento e foi capaz de gerar mais 50% de valor na sua aplicação?

O futuro da gestão passa por conseguir dotar-se de ferramentas de apoio à tomada de decisão que sirvam de laboratório para serem apreciadas, otimizadas e simulados os seus efeitos, para que assim seja mais prudente e mais efetiva a ação do gestor no seu dia-a-dia.

3.2. PROCESSO DE ORÇAMENTAÇÃO

A metodologia de *Business Case* assenta em dois paradigmas fundamentais para que a organização defina o orçamento adequado e necessário às iniciativas que potenciam ao máximo a criação de valor:

- Em primeiro lugar, o investimento deve ser visto como um meio para alcançar os benefícios, pelo que a definição do orçamento deverá ser efectuada com base nos proveitos gerados pelas iniciativas propostas;
- Em segundo lugar, o objetivo último assenta na medição do ROI, cujo indicador deverá seguir um processo rigoroso e racional de forma a tomar a decisão com base em pressupostos válidos.

3.2.1. PROBLEMA ATUAL – ORÇAMENTO COM BASE NO DINHEIRO DISPONÍVEL

Hoje em dia a maioria das organizações concentra os seus esforços no "mês do orçamento". Assim, há tipicamente um mês para pensar, definir, estimar iniciativas e projetos, concentrando todo o tempo restante na execução e implementação dos mesmos. Este processo discreto é altamente prejudicial à organização, pois é condensar e limitar no tempo o futuro da organização com todas as consequências das indefinições, dos pressupostos e do incrementalismo ou decrementalismo vago e incerto na sua substânica. A única certeza que se tem sobre a definição do âmbito é que este está indefinido e sobre o custo e prazo para os projectosque as estimativas estão muito longe da realidade. Sobre os benefícios, são tipicamente especulações na maioria das vezes axiomáticas.

Além do "mês do orçamento", outro problema é que o orçamento é visto como um objetivo pelos gestores, e não como um veículo para o alcance dos resultados gerados. A preocupação do gestor é muitas vezes focada no objetivo de cumprir o orçamento que foi estipulado, caindo muitas vezes no problema de não se gerar valor com esse investimento.

Outro problema é que ao disponibilizar-se orçamento, muitos gestores deixam de ter que justificar o motivo dos próximos projetos caindo-se no risco de que esses projetos venham a traduzir-se numa grande falha de gestão, por não gerarem qualquer valor para mesma. No limite o gestor "gasta" todo o orçamento para que no próximo período não lhe cortem o montante disponível.

Além dos problemas apontados, é comum a atribuição de "quotas" de orçamento com base no pressuposto de que certos departamentos ou direções têm a obrigação de criar maior valor para a organização, independentemente das propostas de valor que estas venham a propor posteriormente, caindo-se na falácia de que outras áreas deixem de poder implementar iniciativas de alto valor porque não lhe foram atribuídas orçamento suficiente ou porque são de *back-office*.

O último principal problema assenta no facto de os orçamentos serem definidos com um espaço temporal longínquo que dificilmente permitirá que o portfólio de projetos se cumpra no período previsto, quer pelo ritmo de mudança das necessidades do mercado, quer pelo aumento das exigências impostas pelas entidades reguladoras.

Figura 18. Mudança de paradigma (Pereira, 2014)

3.2.2. FUTURO – ORÇAMENTO COM BASE NAS PROPOSTAS DE VALOR

É neste sentido que a metodologia de *Business Case* implica a mudança de paradigma: em vez de a orientação ser ao custo, a orientação ser ao benefício, entrando a organização numa competição saudável por cabimento orçamental com base em propostas concretas de criação de riqueza (*Business Cases*), ao longo de todo o periodo fiscal e tipicamente em *stage gates* trimestrais, independendemente das áreas ou direções que propõem ou do gestor que formula a iniciativa. Quem mais valor propuser criar é quem reserva orçamento.

Desta forma o processo de orçamentação deverá ser em modo permanente de construção (*on going) para* evitar "pensar" a empresa num único momento ou período do ano e em contínuo, para que o âmbito dos projetos seja bem definido, com requisitos bem especificados e consequentemente com estimativas mais realistas, quer na vertente dos custos quer dos proveitos.

Além disso, adotando uma orçamentação *"rolling wave"*, a empresa terá flexibilidade em ajustar ou introduzir projetos que sejam necessários ao contexto que venha a enfrentar, dando agilidade contínua na transformação, adaptação ao mercado e ao contexto.

O paradigma assente nos proveitos permite que a organização explore ideias mais ambiciosas e de maior retorno evitando a exclusão antecipada das mesmas pela limitação do orçamento pré-definido. Não deverá haver um orçamento aprovado sem antes existirem propostas concretas formuladas em benefícios quantitativos pois deverá ser com base nestes que o orçamento deverá ser estabelecido (não ultrapassando naturalmente os rácios de endividamento saudáveis).

De modo simples, cada projeto tem de justificar o seu orçamento, incluindo a inflação, o custo do endividamento ou da melhor alternativa, assim como o prémio do risco, pelo que o orçamento deverá ser atribuído com base nas propostas de criação de valor, com base num processo de análise rigoroso de escrutínio e validação.

No âmbito da orçamentação, as organizações deverão assim seguir o princípio do orçamento base-zero cuja abordagem assenta no planeamento e processo de decisão inverso ao processo tradicional de orçamentação. Tipicamente, o processo tradicional assenta no orçamento histórico (*historic budgeting*), onde os *managers* de departamento justificam apenas as variações esperadas face aos anos anteriores, baseado no pressuposto de que a "*baseline*" é automaticamente aprovada. Pelo contrário, segundo o princípio de orçamento base zero, cada "linha"/variável do orçamento apresentado tem que ser aprovada, e não apenas as variações face ao ano anterior. Como tal, o orçamento de base zero requer uma reavaliação refinada, desde a sua base. Este processo é independente ao facto do valor total do orçamento ou de alguns itens específicos aumentarem ou diminuírem.

A tabela seguinte apresenta as principais diferenças entre os dois tipos de orçamentação, segundo os autores (Wetherbe J. C., 1976) (Wetherbe & Montanari, 1981):

Processo de Orçamentação Incremental	Processo de Orçamentação Base-Zero
- Mudanças apenas nos montantes a incrementar (variações)	- Revisão e justificação da totalidade dos custos esperados (e não apenas os incrementados) para cada programa/projeto
- Justificação da magnitude (em quantidade) apenas referente ao valor incrementado estimado	- Justificação desde a base "zero" para todos os programas implícitos;
- Referência frequente ao orçamento base	- Não tem em consideração o histórico. Todo o orçamento terá que ser justificado e sujeito a aprovação (e não apenas ao valor a incrementar face ao ano anterior)
- Todos os programas são implementados salvo claras evidências dramáticas que exijam a abolição do respetivo orçamento	- A continuidade de cada projeto é questionada e tem que ser documentada: esta abordagem encoraja a realocação dos fundos a novos programas quando os programas antigos não podem ser totalmente justificados ou até quando se identifica uma melhor configuração dos recursos que potencie a geração de valor

Vantagens do processo de orçamentação assente no princípio de base--zero:

- Alocação eficiente dos recursos pois é com base na necessidade e nos benefícios esperados, ao invés do mero seguimento do histórico;
- Encoraja os *managers* a encontrarem formas *"cost-effective"* (custo--benefício) para melhorar as operações, eliminando custos e operações que não promovem o acréscimo de valor;
- Permite detetar orçamentos inflacionados;
- Aumenta a motivação dos colaboradores por alavancar o espírito de iniciativa e responsabilidade no processo de decisão;
- Promove a comunicação e coordenação dentro da organização.

Algumas desvantagens do processo de orçamentação assente no princípio de base-zero:

- Consome mais tempo do que o "orçamento incremental";
- Justificar cada item poderá ser desafiante ou problemático para algumas áreas;
- Numa organização de grande dimensão pode gerar atritos e desalinhamentos.

A orçamentação baseada no paradigma de base-zero leva a uma competição saudável entre os gestores na tentativa máxima de acrescentar valor à organização. Organizações com elevada maturidade desafiam toda a pirâmide a pensar a organização e a partilhar parte do ROI com os colaboradores numa lógica de premiar o mérito, independentemente de as propostas serem formuladas pelas gestão de topo ou pelos meros operacionais da organização.

3.3. BUSINESS CASE NO CICLO DE VIDA DO CAPEX

Se o *Business Case* deve ser justificado pelos benefícios da iniciativa e não pelo orçamento (custos) disponível do investimento, então é fundamental distinguir dois elementos fundamentais no contexto da orçamentação: o OPEX e o CAPEX.

O orçamento destinado às operações diárias, à atividade corrente para garantir o funcionamento operacional e à execução dos processos que sustentam o negócio, é denominado por OPEX (*Operational Expenditure*). Sem ele, a empresa pára, não sobrevive, não explora os seus ativos disponíveis. O desafio reside em racionalizar o orçamento para a inovação contínua, para a criação de ideias e estímulo à inteligência competitiva.

A capacidade de renovar competências em alinhamento com o ambiente de negócios que se modifica constantemente e de estar apto a oferecer respostas inovadoras quando o *time-to-market* e a gestão de tempo de resposta são críticos, num contexto de mercado tão imprevisível, constituem o maior desafio do gestor. O termo "capacidades" acentua o papel-chave da gestão estratégica na adequada adaptação, integração, e reconfiguração de habilidades organizacionais internas e externas, recursos e competências funcionais por forma a responder e combinar com as exigências e modificações do ambiente de mercado (Teece, Pisano, & Schuen, 1997).

Se a missão do gestor é criar riqueza e tomar as medidas necessárias para potenciar os seus recursos organizacionais, então este necessita de CAPEX destinado à inovação e reinvenção contínua pela via de investimentos e iniciativas de alto valor.

Apesar da contração económica, a tendência de crescimento do CAPEX tem-se tornado cada vez mais evidente nas empresas líderes de mercado. Porquê? Porque só através da implementação de novas iniciativas que potenciam o valor da organização é possível a organização tornar-se um player preponderante no mercado. Assim um *mindset* de inovação contínua implica igualmente um alinhamento com a política de orçamentação, para que dê espaço à sua implementação e estímulo contínuo à criação de valor. Se a velocidade de mercado for superior à velocidade da empresa, esta poderá pôr em causa as suas vantagens competitivas e perder a sua razão de existência.

3.4. PRIORIZAÇÃO DE PORTFÓLIO

Tal como explicado no capítulo 2 "O que é um *Business Case*", o investimento é um meio fundamental para a sustentabilidade do negócio e até mesmo do seu crescimento pois é através dele que é possível colocar em prática os projetos inovadores propostos com elevado retorno para a organização.

Assim, os benefícios esperados de um investimento podem-se classificar em quatro dimensões: aumento do negócio, aumento de eficiência, redução de custos e de âmbito legal.

Deste modo como devem os gestores priorizar os seus projetos?

Após conduzir o *Business Case* de cada iniciativa, desde a avaliação do seu alinhamento estratégico à análise do seu retorno de investimento e do contexto organizacional, o gestor toma a decisão final de avançar ou não avançar com a implementação da mesma (*Go/No-Go*).

Caso a organização tenha iniciativas com impactos nas diferentes dimensões é importante perceber as suas principais diferenças ao nível da natureza dos benefícios, tanto em espécie como em horizonte temporal. Assim, uma iniciativa com um ROI positivo não significa que avance *per si*, pois o orçamento da organização é limitado e caso exista uma iniciativa com um ROI mais interessante, esta pode ficar em *standby*.

1.ª Prioridade

Neste sentido e tal como a figura 19 e 20 ilustram, os projetos de conformidade legal deverão ser os primeiros a serem implementados e a realizar cabimento orçamental. A credibilidade da organização e a sua reputação estão tipicamente em primeiro lugar, exceto raras exceções. Estes projetos assumem-se tipicamente como prioritários e o seu *Business Case* é preterido, porém o cálculo do ROI subjacente é possível através do cálculo de qual o impacto que ocorre na organização se não implementar

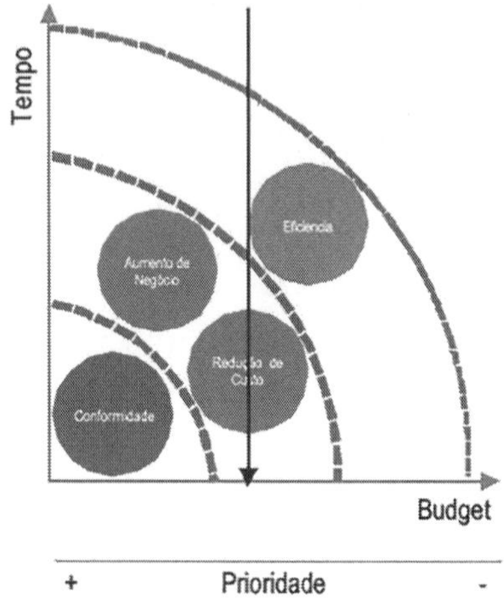

Figura 19. Layers de Priorização de Portfólio (Pereira, 2014)

Figura 20. Níveis de Priorização de Portfólio (Pereira, 2014)

o projeto de conformidade. Evitar estes impactos (coimas, danos de imagem e consequentemente perda de receita ou até perder a licença para operar) são os benefícios da implementação do projeto. O ROI destes projetos não compete diretamente com o ROI de projetos de negócio, redução de custo ou eficiência.

2.ª Prioridade

Como segunda prioridade surgem os projetos de aumento de receita ou de redução de custo, os quais competem diretamente em termos de ROI pois ambos impactam de igual forma a conta de resultados da organização. Independentemente do efeito financeiro ser idêntico, a organização não vive com o objectivo estratégico de "emagrecer" mas sim de viver de forma saudável. É por isso recomendado que a energia seja mais posicionada para a conquista do mercado e da relação com o contexto do que para a contínua redução dos custos internos.

3.ª Prioridade

Como terceira (e última) prioridade surgem os projetos de eficiência. Nos dias que correm a inovação tecnológica, a robotização, os automatismos possíveis são uma constante e posicionam-se a todos os níveis na organização. É porém absolutamente importante que estes sejam potenciados para alavancar receita ou reduzir custos, pois na maioria dos casos a tecnologia é usada para reduzir processos de *back-office* libertando tempo dos quadros internos à organização, mas não surtindo qualquer efeito em termos de resultados financeiros no final do periodo, pois a organização continua a pagar o mesmo salário aos colaboradores. O fenómeno da "miopia da eficiência" é uma realidade muito presente nas organizações, quando grande parte da energia (orçamento) é posicionada para melhorar a vida dos colaboradores, em vez de melhorar a vida dos clientes, distraindo a organização e a sua gestão daquilo que é realmente importante. O ROI dos projetos de eficiência não se deve comparar aos projetos de receita ou de redução de custo, visto que com a implementação deste tipo de projetos obtem-se valor "virtual" ou valor real de longo prazo.

Impacto Direto

É ainda de notar que é absolutamente crítico que a medição do ROI seja feita no impacto direto e não nos impactos secundários. Suponhamos que implementamos um projeto para optimizar um processo numa loja de venda a retalho. Com este projeto reduz-se cerca de uma hora por dia o tempo dos vários colaboradores associados a cada loja. Os colaboradores pertencem aos quadros da organização daí não haver um efeito de redução de custo, os colaboradores vão continuar a receber o mesmo salário no final do mês. O que cada colaborador irá fazer em cada hora liberta, o gestor de cada loja irá decidir caso a caso em mais de 100 lojas, num total de cerca de 800 colaboradores. Uns irão para a caixa registadora, outros para a limpeza, outros para a reposição de artigos, outros para o aconselhamento ao cliente. Desta forma é altamente recomendado que a valorização diária seja equivalente ao custo hora do perfil dos colaboradores a multiplicar pelo número de colaboradores. Se fossemos calcular os impactos secundários teríamos que provavelmente realizar 800 *Business Cases* diferentes, o que seria impraticável.

Além da identificação das dimensões dos benefícios a explorar com o investimento e respetiva quantificação, realça-se outro aspeto a considerar aquando a priorização das iniciativas a implementar: a figura 21 ilustra as diferentes relações entre a natureza do "tipo" de investimento que o projeto requer (esforço *versus* custo financeiro) e as três dimensões possíveis dos benefícios.

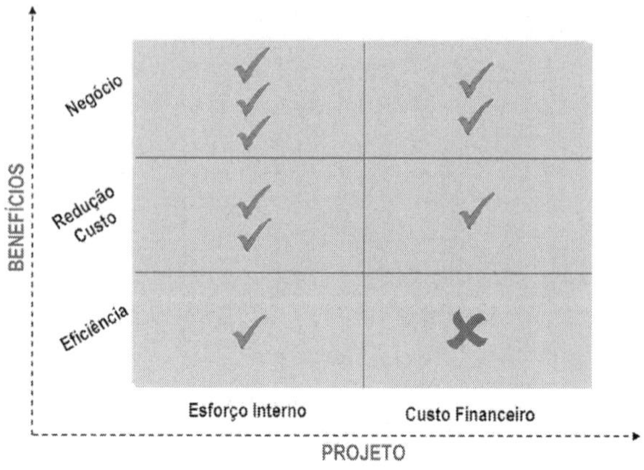

Figura 21. Matriz Projeto vs Benefícios (Pereira, 2014)

Em bom rigor um projeto de investimento não é mais do que a troca de duas energias, entre o "dar e o receber". Porém nem sempre esta troca é conveniente para a organização, nomeadamente quando troca "dinheiro real" por "dinheiro virtual", isto é, implementa projetos de eficiência à custa de investimento financeiro com fornecedores, para libertar tempo de quadros internos à organização. Caso o retorno não seja de uma elevada grandeza, a organização sai a perder, pelo menos no curto-médio prazo.

Relações mais equibradas em termos de investimento são quando a organização recorre a fornecedores externos para implementar projetos de redução de custo ou de aumento de receita. Desta forma, a natureza entre o investimento e o proveito é equivalente e por isso racional e potenciando um resultado final vantajoso para a organização.

Porém há que notar que o verdadeiro catalisador de riqueza ocorre sempre que a organização valoriza os seus recursos humanos (devidamente especializados) e investe nas suas equipas internas para, através delas e do seu esforço em ambiente de projeto, libertar tempo (eficiência) dos colaboradores da organização. É uma troca de esforço (investido) por esforço libertado (ganho) e portanto de natureza equivalente. Outra situação potenciadora de elevado valor para a organização é quando através das equipas internas à organização, são capazes de reduzir custos ou de aumentar receita. Nesta situação, a organização troca um custo garantido (esforço interno) por benefícios financeiros. A organização demonstra capacidade e competencia de auto-regeneração e, portanto, de sobrevivência e prosperidade.

É de notar que aquando da prioritização, a organização deve considerar nas suas decisões que tipo de energia está a utilizar em função de que tipo de benefícios quer alcançar:

1. **Melhor cenário**: realizar projetos de aumento de receita através de esforço interno;
2. **Pior cenário**: realizar projetos de aumento da eficiencia através de contratação de fornecedores.

3.5. ANÁLISE DE NEGÓCIO E GESTÃO DE PROJETO

Após a elaboração do *Business Case* e recolhida toda a informação necessária para a tomada de decisão da iniciativa, caso esta reuna condições para avançar, apenas será necessário garantir o seu cabimento orçamental e consequente prioridade na *pipeline* do portfolio. Segue-se então a fase da transformação do papel para o produto ou serviço que será explorado para recolher os benefícios.

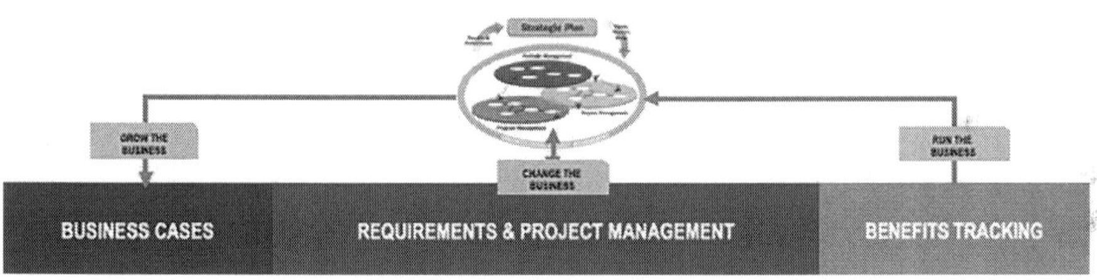

Figura 22. Três Macro Fases do Processo de Transformação

Esta fase seguinte é constituída por três tipos de atividades complementares, a saber: *Business Analysis*, *Project Management* e *Technical Process*. Cada uma com uma missão distinta e complementar, porém ocorrendo com um elevado paralelismo e interação:

1. ***Business Analysis.*** Garantir que os requisitos funcionais e não funcionais são devidamente recolhidos e analisados, sempre com o enquadramento da missão dos benefícios (requisitos de negócio) que o projeto pretende alcançar. Depois da recolha dos requisitos, é essencial, definir a solução funcional que lhes responde.

2. ***Project Management.*** Garantir que o plano de atividades e respetiva solução funcional é cumprido, dentro do orçamento e do prazo estabelecido. É essencial garantir ainda que todas as alterações ao âmbito do projeto estão enquadradas dentro dos benefícios propostos no *Business Case*, ou sejam dentro dos requisitos de negócio. Uma das técnicas mais eficazes para salvaguardar a não distorção do âmbito do projeto é a técnica de "*In/Out of Scope*", a qual determina que para que uma componente entre no âmbito do projeto, caso tal não aconteça há um impacto direto na perda de benefícios. Esta técnica é apelidada de técnica do contraditório, ficando o ónus da prova sempre do lado do patrocinador do projeto, em termos de justificação. Se não há "causa-efeito" em termos de perda dos benefícios estabelecidos no *Business Case* caso a componente não seja incluída, então está "*out-of-scope*" do projeto.
3. ***Technical Process.*** Garantir o desenho e construção técnica da solução definida dentro dos requisitos funcionais e não funcionais.

Principais Dificuldades

- **Alterações ao Âmbito.** As principais dificuldades do processo de transformação do *Business Case* para o ativo final a explorar são tipicamente a distorção provocada no âmbito do projeto pelos múltiplos interesses dos *stakeholders* envolvidos e pelo facto de na maioria dos casos os benefícios não estarem fixados e bem estabelecidos, isto é, claros. Proteger o projeto da contínua tentação de distorção da sua missão inicial não é tarefa fácil e é por isso essencial que as alterações ao âmbito não sejam tomadas de ânimo leve, assim como justificadas com impacto nos benefícios para serem consideradas.
- **Gestão da Mudança.** Conforme referido anteriormente, tipicamente o ser humano e a sociedade em geral só valorizam o que não têm. É um comportamento típico das pessoas e portanto das organizações. Assim, quando a solução fica disponível, surgem as críticas, os comentários negativos, os atritos, levando tipicamente a um uso menos efetivo e portanto a uma exploração parcial do activo criado na organização. É por isso essencial a criação de um *focus group* de *end users* que acompanhem a solução desde a definição dos requisitos até à entrada em produção, de forma a que sejam minimizados os obstáculos à total exploração da solução.

Estas duas dificuldades normalmente penalizam o *Business Case* inicialmente proposto em três dimensões distintas: desvio de orçamento, *time-to-market* de exploração de benefícios e plano de benefícios a realizar:

- **Desvio de Orçamento**. O ROI do projeto é constituído por três componentes principais: o orçamento do projeto, o novo custo operacional para suportar a exploração e os benefícios. Quando o orçamento tem um desvio, estamos já a penalizar objectivamente o *Business Case*.
- **Desvio de Prazo**. Em projetos de negócio (aumento de receita) um atraso de um mês pode significar a organização perder uma elevada quantidade de benefícios, pois o *time-to-market* pode condicionar que o competidor tenha uma oferta mais cedo, ou então a sazonalidade (periodo escolar para a venda de livros e equipamento informático, periodo de verão para a venda de gelados e refrigerantes, entre outros) pode inevitavelmente eliminar parte do benefício. Assim, estaremos a penalizar o *Business Case*.
- **Desvio de Benefícios**. Situações de alteração ao âmbito em fase de projeto podem limitar, reduzir ou condicionar os benefícios inicialmente estimados para o projeto. A configuração do melhor produto ou serviço é aquela que o mercado determinar, fazer alterações baseadas em pressupostos podem tornar o produto/serviço menos atrativo e com isto penalizar os benefícios em exploração.

É assim essencial que a função de *Business Analyst*, assim como a função de *Project Manager* funcionem em perfeita harmonia e estejam comprometidos com o *Business Case* do projeto e sejam os seus guardiões operacionais. Em ambas as competências existem *guidelines* internacionais que estabelecem boas práticas para apoiar os dois processos:

- BABOK: *Business Analysis Body of Knowledge* – www.iiba.org
- PMBOK: *Project Management Body of Knowledge* – www.pmi.org

É importante enfatizar que a criação de valor e a verdadeira inovação na organização não ocorre com *Business Cases*, mas sim com a integração e complementariedade destas áreas funcionais, que cada vez mais assumem um papel vital nas organizações.

3.6. TRACKING DE BENEFÍCIOS

Não menos importante que a fase de análise de negócio e de gestão de projeto é a medição dos benefícios em fase de exploração. Durante a fase de projeto deverão ser criadas todas as condições para que os benefícios sejam bem-sucedidos e maximizado todo o seu potencial. Porém, nem sempre isto acontece e a organização pode ser o principal inimigo de si própria. É essencial medir e conhecer quais os factores e causas de origem exógena e endógena que condicionam o plano de benefícios.

De entre os vários problemas associados identificam-se os seguintes:

- **Desvio dos custos de operação.** Por vezes para que a solução seja convenientemente explorada é necessário incorrer em novos custos operacionais (*new opex*). Uma diferença entre a estimativa inicial e o custo real em exploração pode condicionar o ROI do projeto e portanto perigar o *Business Case*. É desta forma essencial encontrar cenários alternativos de como minimizar estes desvios.
- **Desvio no plano de benefícios.** Conforme anteriormente referido, a volatilidade do contexto é de tal ordem acelerada que se a organização optar por implementar projetos de grandes dimensões (superior a 6 meses), tipicamente incorre no elevado risco de obsolescência, com a principal consequência de toda a operação deixar de fazer sentido à organização e o *Business Case* perder valor. É desta forma essencial que a organização seja ágil, rápida e minimize o n.º de benefícios que persegue em cada projeto, de forma que a celeridade de os alcançar seja maior. *Business Cases* com demasiados benefícios convertem-se em projetos longos e de muito difícil gestão.

3.7. BUSINESS CASE OFFICE

Para que uma determinada competência organizacional exista e seja bem-sucedida é absolutamente importante que a organização não a coloque em sobrecarga de outras áreas que já têm múltiplas funções e desafios para o seu dia-a-dia. A nova competência é portanto tipicamente a última prioridade operacional. Assim, é absolutamente essêncial que para que uma organização implemente *Business Cases* exista uma área dedicada e especializada na organização de forma transversal que sirva de garantia de qualidade, auditoria ao processo e facilitadora desta competência critica.

Desta forma, o *Business Case Office* deverá ser posicionado como um órgão independente na organização, cujo principal objetivo será apoiar a gestão de topo a tomar as decisões de investimento corretas e racionais ao investir nos projetos certos. Tal requer que os praticantes de *Business Case* trabalhem juntos com o negócio e áreas técnicas de forma a recolher o problema de negócio, necessidade ou oportunidade, de forma correta e avaliar qual a solução mais eficaz e que valor (impacto) aporta à organização.

A estrutura organizacional é composta por quatro categorias principais: Metodologia, Ferramentas e Especialistas no processo de *Business Cases* e SME (*subject matter experts*) de outras áreas que colaboram com o BCO.

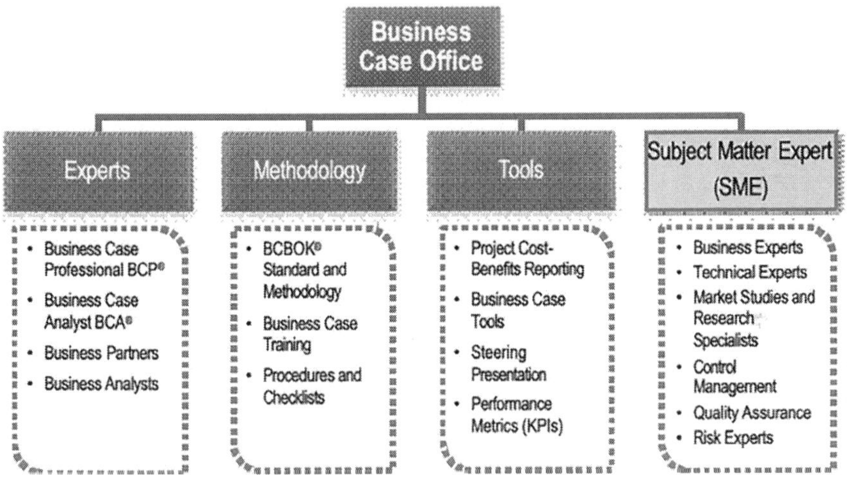

Figura 23. *Business Case Office* (Pereira, 2014)

3.8. MATRIZ DE RESPONSABILIDADES

Além do conhecimento e implementação das práticas de *Business Case*, há um fator crítico para torná-las altamente eficazes no dia-a-dia: cada *stakeholder* envolvido no processo tem que ter um entendimento claro sobre a sua função e suas responsabilidades durante todo o ciclo de vida bem como ficar comprometido durante o processo. Assim, desde o pedido de proposta à última fase de medição dos benefícios durante a exploração do projeto, vários *stakeholders* estão envolvidos no processo: gestão de topo, clientes, especialistas do negócio e técnicos (*subject matter experts*) entre outros, que são responsáveis por uma diversidade de tarefas e pelas suas decisões. Utilizar as ferramentas e metodologias corretas em conjunto com fontes fidedignas, boas competências de comunicação e mecanismos adequados são fatores críticos ao sucesso sustentável da organização.

Função	Responsabilidades	RACI-VS
TOP Management (Executive Committee)	Nível mais alto da hierarquia de uma organização; Responsável por realizar decisões estratégicas (definir direção estratégica; objetivos estratégicos) O seu contributo para a elaboração do business case é essencial, especialmente na priorização dos objetivos do negócio e no processo de decisão final (GO/NO GO); Atitude de liderança e de compromisso perante a execução dos business cases e no processo de decisão dos investimentos	C
Client (ex. Executive Sponsor)	Formula o Pedido do Projeto (*o cliente poderá ser o sponsor, simultaneamente) Identifica as necessidades de negócio/problema/oportunidade e avaliar o seu alinhamento aos objetivos estratégicos; Define os requisitos de negócio (business requirements) e propõe uma solução; Disponibiliza os recursos e o financiamento necessário para a avaliação do business case e implementação do projeto (*se o cliente for sponsor) Reúne-se com a equipa de business case numa base semi-regular e promove o apoio dos principais stakeholders;	C,V,S
Business Case Specialist	Especialista no processo de business case; Assegura que a metodologia do business case e o processo é seguido e completado com rigor; Assegura a preparação de um plano de comunicação para cada stakeholder de forma a garantir o seu buy-in (envolvimento); Aconselha e faz recomendações ao decisor final; Dá Formação à equipa de business case	R
Subject Matter Expert (Business; Technical)	SME Business – Dá informação de grande valor sobre o negócio; SME Technical – Dá informação relevante sobre os custos envolvidos no projeto; Garante a qualidade da informação e dados fornecidos; O SME's poderá ser uma fonte interna ou externa;	A, R, C
Other Stakeholders	Fornece informação relevante e útil para o business case; Tipicamente o stakeholder final (end-user) é um deles, dado ser o elemento impactado pelos benefícios do projeto; De acordo com a iniciativa pedida, alguns stakeholders deverão ser consultados e contribuir com informação relevante enquanto que outros deverão ser apenasinformados (para dar conhecimento, compromisso e obter o seu buy-in);	C, I
Control Management	Equipa responsável por fornecer métricas de negócio, operacionais e indicadores de performance de forma a realizar a monitorização dos benefícios e o progresso do projeto em direção a um objetivo estratégico da organização.	R, C

R – Responsible (performer); A – Accountable (ultimate responsible); C – Consulted; I – Informed; V – Validate; S – Sign-Off (final acceptance)

Figura 24. Matriz de Responsabilidades (Pereira, 2014)

4.

Princípio da Gestão Científica

O princípio da gestão científica teve origem no início do século XX com o impulsionar da Revolução Industrial. O primeiro autor e fundador da teoria da gestão científica foi Frederick Taylor, um criador e engenheiro de nacionalidade americana. Este princípio surgiu pela necessidade de melhorar os processos produtivos, na procura de redução de custos de produção e aumento da eficiência das equipas com o objetivo de otimizar o processo produtivo e maximizar os resultados da empresa.

Segundo Taylor (1998), a gestão científica envolve uma revolução mental no que toca ao compromisso das pessoas com a organização face aos seus deveres, aos seus colegas de trabalho e aos seus chefes. Concluiu também que para uma verdadeira gestão científica esta atitude/mentalidade implica ser aplicada pelos gestores da organização – quer pelo dono do negócio, quer pelo CEO, quer pelo conselho de administração.

Esta teoria tem vido a ser explorada e desenvolvida por outros gestores com vista a encontrar a melhor forma para maximizar a performance das empresas. Hoje em dia, o princípio da gestão científica evoluiu no sentido de que a produtividade e o sucesso não são apenas obtidos pelo controlo de todos os fatores no local de trabalho, mas também tomando em consideração o contributo para o bem-estar e desenvolvimento de cada colaborador.

Atualmente, nem todas as organizações modernas aplicam os princípios da gestão científica. No entanto muitos fatores previamente referidos já são intrínsecos na gestão empresarial atual, motivo pelo qual a gestão assumiu uma nova dimensão no presente século XXI. Porém, **a gestão em muitas organizações é ainda muito suportada em pressupostos ("pré"-"suposto", ou seja, suposição prévia ou hipótese não confirmada) o que as conduz a dificuldades de sobrevivência e portanto de sustentabilidade na relação com o seu *habitat*, ao não fazerem um uso adequado dos recursos de que dispõem.**

É neste sentido que a gestão das empresas tem sofrido grandes melhorias pela abordagem sistemática e deliberada à gestão, pelo questionar do que é óbvio e senso comum, com o teste de processos em diversos contextos e organizações e com resultados validados sempre na procura incessante de praticar uma gestão otimizada e de se tornar uma gestão universal na matéria em estudo.

Gestão de Senso Comum	Gestão Científica
Adquirido com base no negócio e experiência de trabalho diário Meras **opiniões** de pessoas comuns	Abordagem sistemática à gestão Seguida **deliberadamente e sistematicamente**
É Individual Baseado na **experiência pessoal**	**É Universal** Verifica o que é **aplicável perante todas as situações**
Processo **não testado** Em cada vez, é aplicado um **processo diferente**	Processo **testado** em vários contextos e organizações Resultados **validados**
Aceitar o óbvio "Claro" Algumas descobertas não são verdadeiras	**Questiona** o óbvio "Porquê?" Começa a pesquisa a partir da resposta de senso comum
Não pode confiar em resultados consistentes	Alavanca os **mesmo resultados** ou **muito semelhantes** quando conduzidos por duas pessoas diferentes nas mesmas circunstâncias
Ganhos através de experiência **incontrolada**	Ganhos através de experiência **controlada**
Vaga	Precisa

Figura 25. Gestão Senso Comum vs. Gestão Científica (Pereira, 2014)

No fundo, o princípio subjacente à gestão científica é que duas entidades diferentes retirem as mesmas conclusões sobre um determinado fenómeno de gestão. Desta forma, a gestão científica aplicada aos Business Cases pretende que duas equipas diferentes obtenham as mesmas conclusões sobre o ROI de um determinado projeto.

De acordo com o artigo da autora Ingrid Jeacle, as vantagens da gestão científica vão além da gestão de topo. Já no século XX a gestão científica compreendia não só o *layout* e *design* das lojas (retalho) mas também a contratação de pessoal qualificado baseado em fontes de informação credíveis, em melhor comunicação com o consumidor através de **técnicas de pesquisa e publicidade**, bem como a aplicação de uma boa gestão de recursos humanos (Jeacle, 2004) (Tedlow, 1990). É neste âmbito que, ao longo do século passado e do corrente século XXI, se têm vindo a aprofundar as técnicas de recolha de informação sobre o mercado.

Se um negócio vive dos seus clientes, tem que oferecer propostas de valor com ***value for money*** e ainda, simultaneamente, ter a habilidade de responder a essas necessidades no *timing* devido, ou seja, dentro do ***time-to--market***. O ritmo de mercado é tão acelerado que o conceito dos *marketeers* de "hoje" passa por estarem aptos a criar experiências ótimas ao consumidor: o consumidor certo deve receber a mensagem certa, no equipamento (*device*) certo, no momento certo, com o preço certo.

Então, para que um gestor ofereça uma proposta de valor ao mercado é impreterível conhecer profundamente qual necessidade (problema) e os seus impactos na vida dos potenciais e/ou atuais clientes, entender as suas preferências e o seu comportamento (hábitos, estímulos ao consumo, etc).

É neste contexto de globalização, atravessada por uma era de inovação tecnológica e revolucionária nos canais de comunicação (internet; telemóveis; redes sociais) que a competitividade dos mercados tem sido cada vez mais agressiva e renhida. Como tal, com vista a traduzir a necessidade sentida e estar apto a oferecer a melhor solução ao mercado, foram desenvolvidas várias técnicas expeditas e cientificamente provadas para a avaliação do contributo que uma iniciativa ou projeto poderá oferecer.

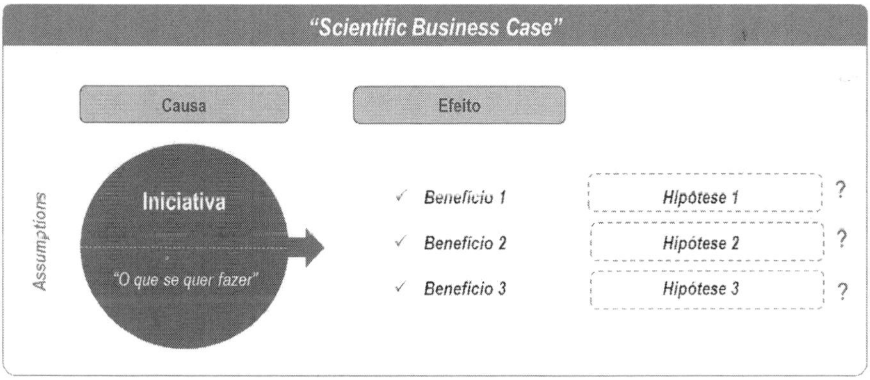

Figura 26. *Scientific Business Case*

Dado que o princípio da gestão científica assenta na existência de uma relação causa-efeito então o *Business Case* também terá que seguir este princípio com base num conjunto de técnicas de gestão científica que permitam validar essa relação de forma a analisar a viabilidade das iniciativas e a melhor configuração da solução.

4.1. BUSINESS RESEARCH

> *Business Research é a aplicação de gestão científica na procura e na identificação de um fenómeno de negócio. Esta atividade inclui definir oportunidades e problemas do negócio, gerar e avaliar ideias, monitorizar a performance e compreender o processo de negócio. Este processo implica o desenvolvimento da ideia e da teoria, definir o problema, procurar e recolher informação, analisar a informação e comunicar as descobertas e as suas implicações.* (Zikmund, Babin, Carr, & Griffin, 2013)

O objetivo é facilitar a tomada de decisão dos gestores, através da entrega de informação necessária e precisa, reduzindo o risco e a incerteza do negócio. No entanto, antes de qualquer tomada de decisão, *Business Research* é

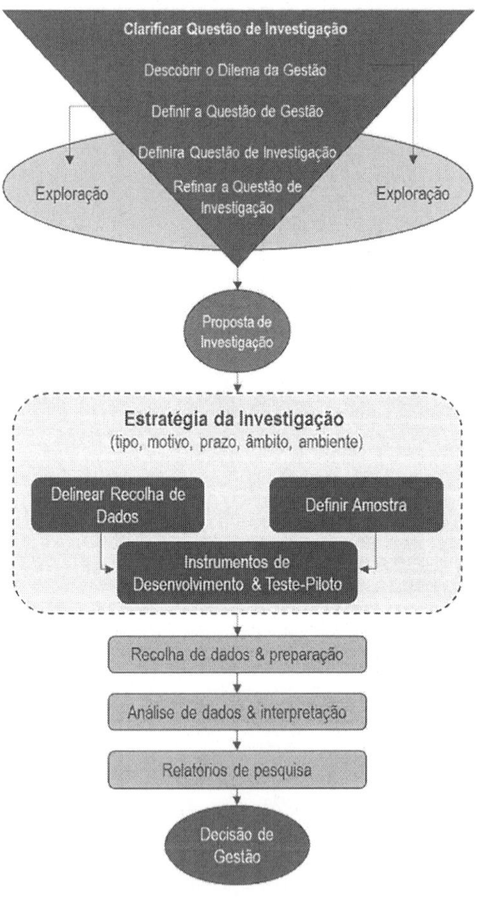

Figura 27. *Research Process* (Cooper & Schindler, 2014)

útil nas atividades de *problem-solving*, permitindo diagnosticar problemas e oportunidades, clarificar a situação e descobrir as causas da situação. Ou seja, no caso de existir um problema, é necessário compreender quais as razões da sua existência; no caso de uma oportunidade, é necessário explorá-la e quantificá-la.

O processo de *Business Research* é um processo sequencial que envolve vários passos. Embora não obrigatórios, são uma orientação ao desenvolvimento de um projeto. A figura 10 representa o processo sequencial de *Business Research*.

Tipicamente, o *gatilho* de uma investigação é um dilema organizacional (Dilema da Gestão) que necessita de uma tomada de decisão (ex.: aumento do número de reclamações dos clientes). Este dilema dá origem à questão organizacional (Questão de Gestão), que é a reformulação do dilema numa pergunta (ex.: O que pode ser feito para melhorar o serviço da empresa?). Posteriormente, esta questão deve ser progressivamente dividida em questões mais específicas e hipóteses (ex.: A empresa deve aumentar o número de horas de formação dos colaboradores?), traduzindo-se na questão de investigação (Questão de Investigação).

Após definida e detalhada a questão de investigação tem-se uma proposta de investigação (Proposta de Inovação). Todavia, antes de passar à recolha e análise de informação, deve ser feito um plano (Delinear Recolha de dados) para atingir os objetivos e responder às questões de investigação. Neste plano, definem-se os métodos, as técnicas e os procedimentos apropriados. É igualmente crítica a definição da amostra (Definição da Amostra) que se traduz na identificação da população-alvo (ou seja, pessoas, eventos ou registos que contêm a informação desejada).

O processo de recolha de informação começa, normalmente, com o teste piloto (Teste Piloto). Este teste é conduzido por forma a detetar erros e corrigi-los para que a investigação seja mais robusta.

Depois de feito o teste piloto poder-se-á passar à fase de recolha de informação e respetiva preparação (Recolha de Dados & Preparação). Os métodos, técnicas e procedimentos escolhidos durante a fase de planeamento irão, agora, determinar a forma como a informação é recolhida. A informação pode ser secundária, caso já tenha sofrido uma análise ou interpretação e tenha sido recolhida previamente com outro propósito, ou informação primária, caso seja original e recolhida para o propósito do estudo.

Uma vez feita a recolha de informação, é necessário analisá-la (Análise de Dados & Interpretação). Esta análise permite transformar dados em informação útil que possa ser interpretada pelo gestor, à luz da sua questão de investigação. Uma vez interpretada a informação é possível elaborar um relatório do estudo e tomar a decisão de gestão.

4.1.1. BUSINESS RESEARCH METHODS

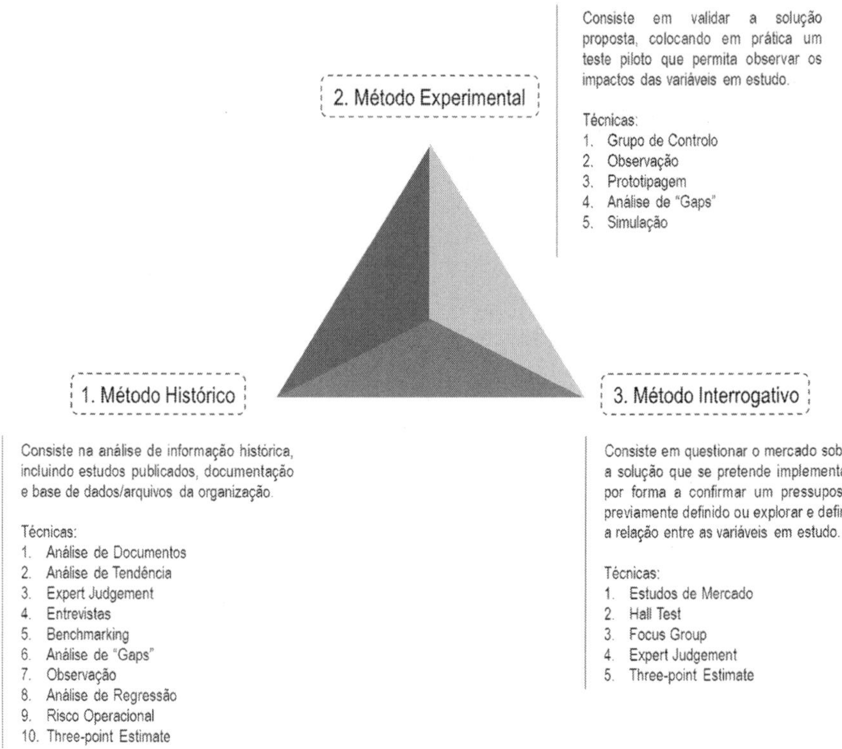

Figura 28. Classificação dos Métodos de *Business Research* (Pereira, 2014)

As técnicas de *Business Research* existentes podem ser classificadas de várias formas. Usualmente são classificadas como qualitativas ou quantitativas. Uma forma de distinguir esta terminologia é o foco nos dados numéricos ou não numéricos. Técnicas quantitativas estão associadas a qualquer técnica de recolha de informação ou análise de dados que gera ou usa informação numérica. Técnicas qualitativas referem-se a qualquer técnica de recolha ou análise de dados que gera ou usa informação não numérica.

No esquema da figura 24, as técnicas de *Business Research* estão classificadas consoante a abordagem de investigação utilizada: método histórico, método experimental ou método interrogativo. Salvaguarda-se que cada método não é necessariamente isolado dos restantes, bem como as técnicas inerentes aos mesmos. Qualquer investigação pode utilizar uma abordagem mista de métodos e técnicas por forma a aumentar o grau de validade e precisão das conclusões tiradas.

4.1.1.1. MÉTODO HISTÓRICO

No âmbito da realização de um *Business Case,* tipicamente o ponto de partida dá-se com o levantamento dos dados históricos com vista ao entendimento claro e de forma mensurável quer de um cenário passado quer de um cenário atual.

De forma a aprofundar o dilema que deu origem à necessidade da(s) iniciativa(s) para análise do *Business Case* e perceber em que medida este se traduz numericamente (quantificado) bem como o seu comportamento ao longo do tempo é essencial identificar as respetivas variáveis ou defini-las caso inexistentes.

Este método de *research* assenta essencialmente no levantamento de histórico pelo que os dados levantados são tipicamente classificados como *secondary data (ex. relatórios)* permitindo evitar a duplicação de trabalho e esforço desnecessários quando a organização já tem material informativo relevante para considerar. A informação histórica é muito rica pois permitirá dar indícios sobre "onde estamos" (AS IS) ou "estivemos", para posteriormente a organização estar apta a decidir quais as iniciativas a investir para o alcance do "onde queremos chegar" (TO BE).

Por vezes a informação histórica que se pretende não está registada pelo que será necessário recorrer a outro tipo de técnicas para o levantamento desses dados (ex. *Expert Judgement*), dados classificados como *primary data* por nunca terem sido produzidos anteriormente.

Sendo a medição do ROI (retorno do investimento) um dos paradigmas da metodologia de *Business Case* tal requer perceber o cenário de "hoje" e o cenário "futuro" (ex. via método experimental e interrogativo) para estimar o acréscimo de valor gerado e posteriormente a sua avaliação (medição do ROI).

O método histórico permite retratar cenários passados e o atual dar-nos informação de tendência e, até, facilitar o processo de comparação da organização/área face a outras entidades concorrentes (nacionais e/ou internacionais).

Algumas das técnicas utilizadas são:

1. Análise de Documentos;
2. Análise de Tendência;
3. *Expert Judgement*;

Técnica	O que é?	Onde / como?	Quando usar?
1. Análise de Documentação	Levantamento de informação disponível e registada até à data	· Contratos · Estudos de mercado · Relatórios internos · Literatura de referência ou de competidores · Planos de Negócio · Base de dados (clientes/fornecedores)	Quando se pretende recolher informação detalhada sobre períodos passados para usar como referência na estimação futura
2. Análise de Tendência	Após a recolha dos dados históricos que se visam analisar (técnica 1), efetuar um **gráfico de tendência** com a variável pretendida e a variável tempo.	· Gráfico de barras com linha de tendência · Gráfico de Linha · Gráficos de área	· Quando se pretende avaliar o comportamento de uma variável ao longo do tempo (quanto cresceu, quanto decresceu, quanto tempo estagnou). Ex. Com base nessa tendência estimar qual a % de redução ou aumento se visa alcançar com a implementação da nova solução. · Exemplo de variáveis: Taxa de abandono; Taxa de adesão a um produto
3. Expert Judgement	Solicitar informação e opiniões a indivíduos **especialistas** no tema em análise, por estarem atualmente ou terem estado envolvidos no passado.	De forma a "corrigir" a margem de erro, o expert deverá fornecer um intervalo de valores (pior e melhor cenário). Caso exista mais do que 1 conhecedor do tema, é recomendável pedir a vários elementos e realizar a média dos valores (garantir que o desvio-padrão da amostra não é elevado)	Tipicamente usada aquando a inexistência de qualquer estudo prévio ou registo histórico, pelo que se recorre à consulta de profissionais que têm conhecimento sobre o tema que podem dar uma referência (um valor) muito próxima da realidade com base na sua perceção e experiência.
4. Entrevistas	Técnica que consiste na abordagem sistemática para o levantamento de informação a uma pessoa ou a um grupo de pessoas com vista **questioná-las** sobre um tema e documentar as respostas.	· Presencial · À distância (videochamada) · Formato: Formal ou informal	Esta técnica é muitas vezes usada em simultâneo com outras técnicas (ex. *Expert Judgement*).
5. Benchmarking	Técnica que consiste na **comparação das práticas atuais** ou planeadas, tais como processos e operações, de uma organização a outras empresas.	· Recolha dos dados (variáveis) para análise referente a cada uma das empresas · Análise comparativa · Conclusões	Técnica de grande utilidade para efeitos de estimação, tipicamente para recolher dados que são desconhecidos na nossa organização, cujos competidores "vizinhos" ou empresas de perfil/modelo de negócio semelhante já implementaram e que servirão de input para estimação da solução a considerar na nossa organização

4. Entrevistas;
5. *Benchmarking*;
6. Análise de "*Gaps*";
7. Observação;
8. Análise de Regressão;
9. Risco Operacional;
10. *Three-point Estimate*.

6. Análise de Gaps	É um exercício útil que implica retratar o estado atual e o estado futuro desejado (objetivo). De seguida, procede-se à comparação entre o cenário atual e o futuro a fim de identificar as diferenças e criar um plano de ação.	Recolha de dados históricos para retratar o cenário mais atual e a utilização de parâmetros históricos que permitam dar uma referência e assim projetar/ estimar o cenário futuro desejado.	Conhecendo o cenário atual e o cenário futuro que uma solução venha a permitir alavancar, é possível recolher o valor da métrica que se pretende estimar.
7. Observação	Técnica que consiste em observar comportamentos de pessoas, processos ou sistemas para o levantamento de informação e respetiva documentação.	- Observação Passiva: não existe intervenção até ao final do processo, por parte do observador - Observação Ativa: existe diálogo entre o observador e o utilizador final.	Muitas vezes utilizada para detetar valores/problemas que não foram recolhidas e documentadas até à data. Por ex. para obter detalhe sobre um processo atual (para retratar cenário atual) ou quando existe a intenção de melhorar ou alterar o processo atual.
8. Análise de Regressão	Técnica que consiste em verificar a relação de duas ou mais variáveis com base no modelo matemático denominado "regressão".	Efetua-se a recolha de cada umas das variáveis para um determinado horizonte temporal, com vista obter o gráfico de dispersão e respetiva função de regressão linear.	Utilizada para efeitos preditivos. É verificado como (quanto) o comportamento de uma variável (variável independente) altera o comportamento da outra (variável dependente) com base em parâmetros de valores históricos. Ex. Relação Publicidade (campanhas publicitárias em €) e as Vendas
9. Risco Operacional	Consiste em recolher a frequência e valores de impacto que advém da ocorrência de perdas resultantes de falha, deficiência ou inadequação de processos internos, pessoas e sistemas, ou de eventos externos.	Através da análise dos processos internos, pessoas e sistemas, ou de eventos externos e deteção de anomalias ou desvios face aos standards definidos e o levantamento de perdas decorrentes de procedimentos, controlo e sistemas mal formulados. Para tal, requer-se que a empresa tenha os processos bem definidos e um modelo claro de monitorização dos impactos dos mesmos.	Tipicamente utilizado para projetos que visam aumentar a eficiência operacional ou de redução de custos.
10. Three-point Estimate	Técnica que utiliza a combinação de outras técnicas de recolha de histórico (nomeadamente o Expert Judgment, Observação) para efetuar uma estimação com base em cenários possíveis.	São considerados 3 cenários: Otimista, Pessimista e o Mais provável.	Durante o processo de recolha de dados (históricos) será avaliado/questionado um intervalo de valores possíveis (otimista, mais provável e otimista) com vista "minimizar o desconforto" do inquirido e obter uma estimação com base em 3 cenários possíveis.

4.1.1.2. MÉTODO EXPERIMENTAL

Os estudos experimentais são particularmente úteis para complementar o método histórico ou quando não existem registos históricos ou outras informações secundárias. Este método inclui um conjunto de técnicas que permitem obter uma ideia mais clara e testar o objeto de estudo, normalmente através da execução de um teste piloto. Mais especificamente, o objetivo é controlar e alterar sistematicamente as variáveis em estudo (variável independente ou explanatória) e observar quais os impactos dessas mudanças, por forma a compreender as relações existentes entre elas.

Esta abordagem é por vezes menosprezada por utilizar maioritariamente dados qualitativos e ser considerada mais subjetiva. No entanto, permite poupar tempo e dinheiro, pois é possível identificar falhas logo no início da investigação evitando que se avancem com outros gastos de maior dimensão.

Coloque-se por hipótese o caso de uma empresa que quer aumentar as vendas através de formações aos seus colaboradores sobre negociação e comunicação. Antes de implementar a ação de formação a toda a empresa, esta pode testar a solução dando formação a uma amostra de colaboradores e medindo os resultados de vendas deste grupo experimental face aos restantes colaboradores (técnica de *Control Group*).

Um aspeto importante a ter em consideração nesta abordagem é o facto de ser ou não possível controlar outras variáveis externas à investigação. Neste caso hipotético, a empresa deve garantir que o resultado do teste piloto não foi adulterado, por exemplo, por motivos de sazonalidade (ex.: as vendas foram incrementadas por ser época natalícia e não pela formação dada ao grupo experimental de colaboradores).

Embora seja um método eficaz para especular resultados futuros dentro de um contexto real, as técnicas de experimentação podem ser mais dispendiosas que outras técnicas. Outra desvantagem associada a este método é o facto de este só ser efetivo para estudos com impacto no presente ou no futuro imediato. O método experimental não é viável em estudos do passado ou para previsões de um futuro longínquo.

Dentro desta abordagem podem ser encontradas várias técnicas, como:

1. Grupo de Controlo;
2. Observação;
3. Prototipagem;
4. Análise de "*Gaps*";
5. Simulação.

Tecnica	O que é?	Onde / como?	Quando usar?
1. Grupo de Controlo	Técnica utilizada com vista avaliar o impacto (um comportamento) sob a introdução de uma nova variável, com base num estudo experimental. O valor representativo dessa variação na amostra será a referência para a estimação do valor futuro (para o universo).	Implica a recolha de uma amostra e a realização de dois grupos: 1) **Grupo Experimental.** É o grupo onde se vai intervir (realizar a experiência). 2) **Grupo de Controlo** (representa o cenário atual, sem nenhuma intervenção) Dois tipos de variáveis: a. Independente. Variável experimental a qual representa a única diferença entre os dois grupos. É a característica manipulada. (CAUSA) – aplicada no grupo experimental b. Dependente. Variável consequente, aquela que muda ou é impactada pela variável independente. (EFEITO). Deve garantir-se à partida que é mensurável. – variável recolhida após a introdução da variável independente	· Técnica muito utilizada para análise de iniciativas com impacto no Aumento de Negócio (ex. para verificar a adesão a um serviço ou produto) e de Aumento de Eficiência (ex. avaliar o efeito (impacto) na produtividade/eficácia de uma formação aos colaboradores). Também é uma técnica recomendada para efeito de medição de benefícios aquando a implementação do projeto. · O grupo de controlo não só elimina o efeito das variáveis externas que afetam o resultado final como elimina o efeito bias do perito em Business Case (influência dos resultados que inconsciente ou conscientemente o gestor está sujeito)
2. Observação	Técnica que consiste em observar comportamentos de pessoas, processos ou sistemas para o levantamento de informação e respetiva documentação.	· Observação Passiva: não existe intervenção até ao final do processo, por parte do observador · Observação Ativa: existe diálogo entre o observador e o utilizador final.	· Muitas vezes utilizada para detetar valores/problemas que não foram recolhidas e documentadas até à data. Por ex. para obter detalhe sobre um processo atual (para retratar cenário atual) ou quando existe a intenção de melhorar ou alterar o processo atual.
3. Prototipagem	Técnica que consiste na construção de uma amostra/modelo ou criação de um produto numa fase antecipada para testar um conceito ou processo e obter conhecimento sobre o mesmo para efeitos de melhoria. O objetivo assenta em descobrir e visualizar o interface de requisitos antes da solução ser desenhada e desenvolvida	Utilização do Protótipo no Ciclo de Vida: – **Trow-Away Prototype**: evidenciar de forma rápida os requisitos de interfaces, usando ferramentas simples. É abandonado quando a solução final é desenvolvida. – **Evolutionary Prototype**: abordagem rigorosa evolui os requisitos iniciais de interface para um sistema funcional, necessitando de ferramentas e linguagem de prototipagem especializadas.	· Muito utilizado no contexto de design, eletrónica e programação de softwares e para o levantamento de requisitos, identificação de custos e quantificar benefícios intangíveis · Técnica utilizada para avaliar os potenciais benefícios que uma solução pode alavancar e custos implícitos
4. Análise de Gaps	É um exercício útil que implica retratar o estado atual e o estado futuro desejado (objetivo). De seguida, procede-se à comparação entre o cenário atual e o futuro a fim de identificar as diferenças e criar um plano de ação.	Recolha de dados históricos para retratar o cenário mais atual e a utilização de parâmetros históricos que permitam dar uma referência e assim projetar/estimar o cenário futuro desejado.	Conhecendo o cenário atual e o cenário futuro que uma solução venha a permitir alavancar, é possível recolher o valor da métrica que se pretende estimar.
5. Simulação	Técnica que consiste na imitação de algo real ou de um processo. O ato de simulação normalmente implica a representação de características-chave ou comportamentos de um sistema físico ou abstrato.	· Implica a utilização de modelos para representar uma situação real. Tipicamente são modelos matemáticos que calculam o impacto com base em inputs incertos · Model Inputs – variáveis incertas (por vezes é possível reduzir esse erro com base no histórico) · Definição dos cálculos intermediários · - Model Outputs – resultados que dependerão dos inputs (que também envolverão alguma incerteza)	· Utilizada quando não existem métodos analíticos disponíveis ou adequados · Utilizado para estimação de benefícios no âmbito de projetos internos. Ex: Iniciativas com impacto em Operações (projetos com vista Aumento de eficiência e/ou Redução de custos), tais como: Problemas de espera (tempos de processos), Gestão de Produção (defeitos; capacidade de produção) ; gestão de inventários

4.1.1.3. MÉTODO INTERROGATIVO

Outra abordagem de investigação é o método interrogativo. Através deste método pretende-se essencialmente questionar o mercado sobre o objeto de estudo ou a solução que se pretende implementar.

Neste sentido podem existir duas finalidades: validar ou explorar. No primeiro caso, o objetivo é **testar e confirmar** soluções ou configurações já existentes. No segundo caso, o objetivo é **explorar** possíveis soluções que ainda não tenham sido consideradas e incluir novas variáveis ao estudo.

Pressuponha-se o caso de uma empresa que pretende alterar a sua estratégia de preço num certo produto, por forma a aumentar as suas vendas. Caso se pretenda validar se um determinado preço está ajustado ao que o mercado está disposto a pagar, é possível elaborar um *market study* em que se pergunte diretamente ao cliente se considera aquele valor ajustado às suas expectativas. Caso o objetivo seja com um fim exploratório, a pergunta pode ser formulada de forma a obter o preço ótimo, isto é, o preço que o cliente estaria disposto a pagar.

Dentro do método interrogativo podem ser encontradas várias técnicas, como:

1. Estudos de Mercado;
2. *Hall Test*;
3. *Focus Group*;
4. *Expert Judgement;*
5. *Three-point Estimate.*

Técnica	O que é?	Onde / como?	Quando usar?
1. Estudos de Mercado	Técnica que consiste na recolha de informação diretamente no mercado. Tipicamente é composta por dois estudos parcelares: Estudo dos Consumidores e Estudo da Concorrência. Consoante o tema em análise, deverá ser feita uma análise quantitativa e/ou qualitativa.	· **Questionários (Survey)** normalmente dirigido para a recolha de informação em massa. · Resposta Aberta · Resposta Fechada · **Entrevistas** – para efeitos de estudos exploratórios e informação qualitativa, normalmente dirigida a uma amostra mais pequena, servindo por vezes de complemento aos *surveys*.	· Os estudos de mercado visam apoiar os gestores na identificação precisa dos produtos ou serviços a comercializar, na definição de preços e de condições de venda ótimas, na identificação dos circuitos de distribuição que potenciarão as vendas; estudos de satisfação dos clientes; validar a adesão a um serviço; explorar e identificar necessidades no mercado, estudar a imagem/perceção que os clientes têm da empresa, entre outros.
2. Hall Tests	Técnica que consiste em recolher feedback, ideias e opiniões através do convite e reunião de um conjunto de pessoas num espaço onde lhes é apresentado o produto/serviço e onde o podem experimentar (tocar e sentir).	· Salas adequadas para o efeito · Informação recolhida num ambiente controlado, que garante as condições de coerência da pesquisa. · Todos os entrevistados estão sob o mesmo ambiente. · A equipa de investigação pode jogar com as variáveis ambientais da pesquisa (ex: o cheiro, a decoração, etc.).	· Experimentar produtos, feedback em termos da embalagem, publicidade, conceitos ou marcas · Informação útil para a definição da solução adequada à real necessidade do consumidor e concluir sobre a potencial adesão ao novo produto / serviço dando informação relevante para projetos com orientação externa (mercado), isto é, com impacto no aumento de negócio.
3. Focus Groups	Técnica de pesquisa de mercado qualitativa que procura estudar e compreender uma dada realidade através da recolha de informação sob a forma de uma dinâmica de grupo (tipicamente especialistas no tema em análise ou consumidores)	· Salas adequadas para o efeito · Informação recolhida num ambiente controlado, que garante as condições de coerência da pesquisa. · Todos os entrevistados estão sob o mesmo ambiente.	· Quando se pretende estudar mercados-alvo, efetuar testes de conceitos, publicidade e comportamentos: recolha de perceções, opiniões, crenças e atitudes perante um produto /serviço/conceito/publicidade/ideia ou embalagem antes de ser lançado no mercado . Dá informação valiosa sobre o potencial de aceitação do produto no mercado · Os analisadores não só valorizam o conteúdo da informação transmitida pelos participantes bem como também estão interessados nas expressões faciais, linguagem corporal e dinâmica de grupo (via observação)
4. Expert Judgement	Solicitar informação e opiniões a indivíduos **especialistas** no tema em análise com vista apresentarem a estimativa de um valor futuro.	De forma a "corrigir" a margem de erro, o expert deverá fornecer um intervalo de valores (pior e melhor cenário). Caso exista mais do que 1 conhecedor do tema, é recomendável pedir a vários elementos e realizar a média dos valores (garantir que o desvio-padrão da amostra não é elevado)	Tipicamente usada aquando a inexistência de qualquer estudo, pelo que se recorre à consulta de profissionais que têm conhecimento sobre o tema que podem dar uma referência (um valor) com base no seu conhecimento, perceção e experiência.
5. Three-point Estimate	Técnica que utiliza a combinação de outras técnicas de recolha de histórico (nomeadamente o Expert Judgment, Observação) para efetuar uma estimação com base em cenários possíveis.	São considerados 3 cenários: Otimista, Pessimista e o Mais provável.	Durante o processo de recolha de dados (históricos) será avaliado/questionado um intervalo de valores possíveis (otimista, mais provável e otimista) com vista "minimizar o desconforto" do inquirido e obter uma estimação com base em 3 cenários possíveis.

5.

Business Case Framework

A metodologia de *Business Cases* apresentada baseia-se nas principais referências de *best practices* de *Business Case*s desenvolvidas até à data, nomeadamente o ROI Institute.

A metodologia é composta por oito passos principais e visa avaliar a viabilidade de uma iniciativa (investimento) ou seja, se ela cria valor para a organização.

A *Business Case Framework* é composta por oito passos:

1. Formulação do Pedido;
2. Alinhamento Estratégico;
3. Estimação dos Benefícios;
4. Estimação dos Custos;
5. Avaliação Económico-Financeira;
6. Preparação do Contexto;
7. Decisão Final;
8. Medição dos Benefícios.

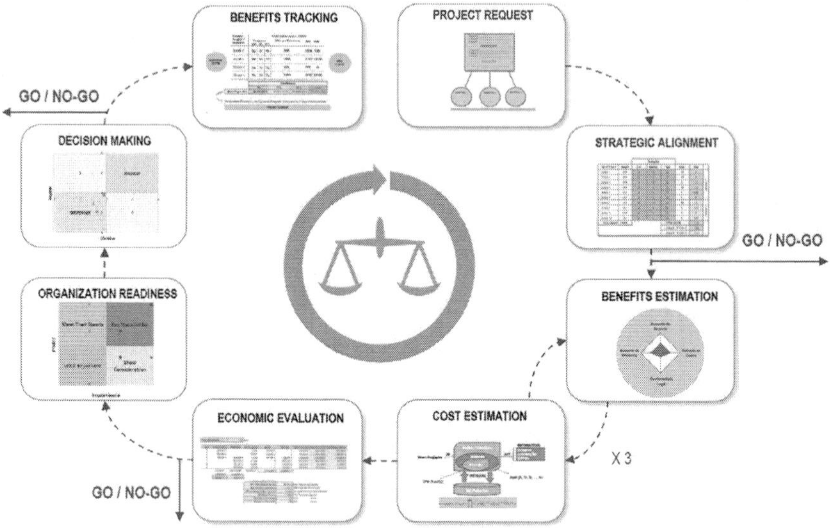

Figura 29. *Business Case Framework* (Pereira, 2014)

A tabela seguinte apresenta os principais passos que compõe o processo de realização de um *Business Case* e as respetivas Entradas (*inputs*), técnicas e ferramentas (*tools & techniques*) recomendadas e as saídas (*outputs*) geradas em cada passo. Esta interação é sequencial, o que significa que para avançar até ao "passo" seguinte no processo é necessário que o anterior esteja completo e finalizado.

Business Case Steps	1. Inputs	2. Tools & Techniques	3. Outputs
5.1 Project Request	1. Strategic Plan 2. Market Demand 3. Legal Requirement 4. Client Request 5. Innovation Initiative 6. Technological Advance 7. Request for Bid 8. Enterprise Reports 9. Enterprise Risk	1. Problem-Solving 2. Elevator Pitch 3. POLDAT 4. Futures Wheel 5. ZACHMAN 6. Expert Judgement 7. Enterprise Workflow 8. Enterprise Architecture 9. Business Requirement	1. Project Request Form
5.2 Strategic Alignment	1. Project Request Form 2. Strategic Plan 3. Organization Capacity 4. Exceptional Conditions	1. Strategic Force Analysis 2. Scoring Model 3. Murder Board 4. SWOT Analysis 5. Peer Review 6. Nominal Group 7. Delphi Technique 8. Paired Comparison Analysis 9. Analytical Hierarchy Process	1. Strategic Alignment 2. Go/No-Go
5.3 Benefits Estimation	1. Project Request Form 2. Strategic Alignment 3. Enterprise Environment Factors 4. Outer Context 5. Historical Data 6. Market Reports	1. Data Collection Plan 2. Pareto Analysis 3. Gap Analysis 4. Data Gathering 5. Parametric Analysis 6. Control/Focus Group 7. Prototyping / Simulation 8. Survey's 9. Sensitive Analysis 10. Three Point Estimate	1. Benefits Plan 2. Benefits Estimation 3. Sensitive Data
5.4 Cost Estimation	1. Project Request Form 2. Benefits Estimation 3. Enterprise Environment Factors 4. Outer Context 5. Historical Data 6. Market Reports	1. Product Breakdown Structure 2. Parametric Analysis 3. Analogous Estimation 4. Bottom-Up Estimation 5. Cost Breakdown Structure 6. Expert Judgement 7. Risk Register 8. Sensitive Analysis 9. Three Point Estimate	1. Cost Estimation 2. Sensitive Data
5.5 Economic Evaluation	1. Benefits Estimation 2. Cost Estimation 3. Sensitive Data	1. Economic-Financial Analysis (NPV, BCR, ERR, ROI, PAYBACK) 2. Interest Rate 3. ROI Sensitive Analysis 4. Profit & Lost Planning	1. Economic-Financial Indicators 2. ROI Sensitive Data 3. Benefits & Cost Plan 4. Go/No-Go
5.6 Context Readiness	1. Project Request Form 2. Enterprise Architecture 3. Strategic Alignment 4. ROI Sensitive Data 5. Enterprise Environment Factors	1. Stakeholder Matrix 2. Force Field Analysis 3. Expert Judgement 4. Climate Analysis	1. Context Analysis 2. Stakeholders Analysis
5.7 Decision Making	1. Project Request Form 2. Enterprise Architecture 3. Strategic Alignment 4. Benefits Estimation 5. Cost Estimation 6. ROI Sensitive Data 7. Context Analysis 8. Enterprise Environment Factors	1. SWOT Analysis 2. Business Case Canvas 3. Nominal Group 4. Multi-Criteria Cenarios 5. Expert Judgement 6. Delphi Technique	1. Business Case Report 2. Go/No-Go
5.8 Benefits Tracking	1. Benefits Plan 2. Business Case Report	1. Corporate Reports 2. Trend Analysis 3. Balanced Scorecard 4. Control Group	1. Benefits Tracking Report 2. New Opportunities

5.1. FORMULAÇÃO DO PEDIDO

O processo de Formulação do Pedido tem por objetivo formalizar o pedido de projeto de forma normalizada. É fundamental que o mesmo estabeleça uma visão do problema atual, evidenciando as dores da organização, bem como do que se pretende obter no futuro, nunca deixando de referir o impacto de não fazer, assim como quais os benefícios da solução que se pretende. O pedido deve formular uma análise superficial do impacto ao nível da empresa: áreas, processos e sistemas.

O projeto tem de estar padronizado, sendo que o próprio pedido já deve estar orientado para descortinar, desde logo, o ***value for money*** (o que é que se cria com o dinheiro investido).

1. Entradas	2. Técnicas & Ferramentas	3. Saídas
1. Strategic Plan	1. Problem-Solving	1. Project Request Form
2. Market Demand	2. Elevator Pitch	
3. Legal Requirement	3. POLDAT	
4. Client Request	4. Futures Wheel	
5. Innovation Initiative	5. ZACHMAN	
6. Technological Advance	6. Expert Judgement	
7. Request for Bid	7. Enterprise Workflow	
8. Enterprise Reports	8. Enterprise Architecture	
9. Enterprise Risk	9. Business Requirement	

5.5.1. FORMULAÇÃO DO PEDIDO: ENTRADAS

O responsável pelo preenchimento do documento (pedido de projeto) formal deve estar bem informado sobre o contexto atual e ter em consideração as seguintes Entradas (quando aplicável):

5.5.1.1. STRATEGIC PLAN

Strategic Plan (Plano Estratégico) é o plano da empresa, que menciona a sua missão, visão e valores, bem como os objetivos delineados. É necessário haver uma compreensão clara da missão da empresa e dos seus objetivos estratégicos, a fim de justificar a contribuição deste projeto para as metas da empresa. A formulação da estratégia implica um *scanning* do ambiente interno e externo de forma que este permita o desenvolvimento de um conjunto de objetivos estratégicos, metas e táticas a serem seguidas pela organização (Thune, 1970) (Rhyne, 1986).

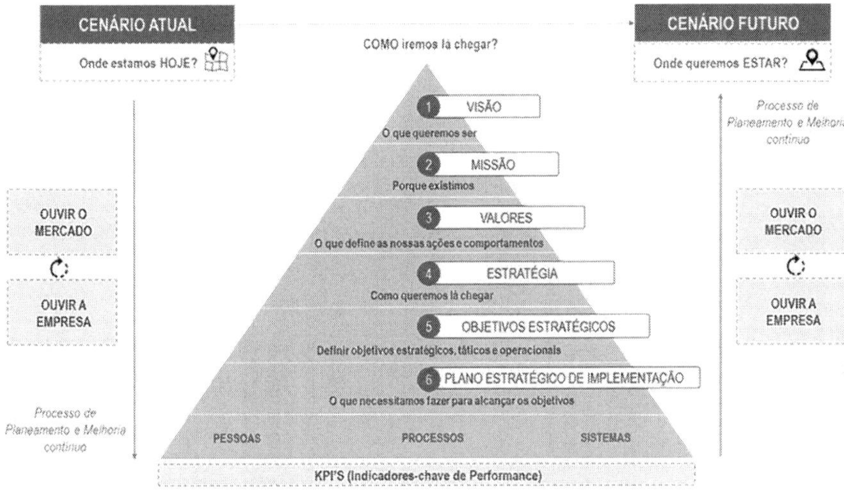

Figura 30. *Strategic Plan Pyramid Guideline*

5.1.1.2. MARKET DEMAND

Market Demand (Procura de Mercado) significa compreender as tendências de mercado e necessidades dos clientes. É fundamental ter uma escuta ativa e capaz de antecipar as necessidades dos clientes sobretudo numa economia de mercado competitiva e de globalização.

5.1.1.3. LEGAL REQUIREMENT

Os Requisitos Legais são todos os aspetos legislativos dos quais é necessário estar ciente, uma vez que podem afetar o desenvolvimento da iniciativa.

5.1.1.4. CLIENT REQUEST

O *Client Request* (Solicitação do cliente) é o pedido que o cliente efetuou que explicita a sua necessidade. É necessário perceber como fazer a diferença no mercado e ouvir as necessidades dos clientes.

5.1.1.5. INNOVATION INITIATIVE

Como *input* para o processo de Formulação do Pedido, a *Inovation Initiative* (Iniciativa de Inovação) é ter uma mentalidade de inovação contínua e de aprendizagem pró-ativa, estando sempre atualizados das tendências de mercado e apto a responder às necessidades do mesmo.

5.1.1.6. TECHNOLOGICAL ADVANCE

Hoje em dia gerir uma empresa e um negócio requer uma boa base tecnológica. A tecnologia pode ser um trunfo essencial para a diferenciação da empresa e, consequentemente, alcançar o sucesso. No pior cenário, e considerando a concorrência do mercado atual, as empresas devem garantir o conhecimento e atualização constante no que toca ao tema das tecnologias, sistemas e ferramentas;

5.1.1.7. REQUEST FOR BID

Request for Bid (Pedido de Proposta) é um pedido oral ou escrito a potenciais fornecedores para apresentarem uma proposta para um projeto específico. Trata-se de uma solicitação em que os fornecedores apresentam uma proposta que posteriormente será analisada e selecionada pelo cliente. Na resposta ao *Request for Bid*, o objetivo é apresentar um alto "*value for money*" respondendo às especificidades solicitadas pelo potencial cliente com vista a satisfazer a sua necessidade.

5.1.1.8. ENTERPRISE REPORTS

A documentação interna (Relatórios Empresariais) é útil para capturar a situação atual da empresa, detetar eventuais lacunas, sendo uma boa fonte de informação para análise a fim de alavancar o valor da empresa.

5.1.1.9. ENTERPRISE RISK

Como ponto de partida, é importante estar ciente dos principais riscos a que a entidade poderá estar sujeita (origens internas e externas).

5.1.2. FORMULAÇÃO DO PEDIDO: FERRAMENTAS E TÉCNICAS

5.1.2.1. PROBLEM-SOLVING

"Problems are only opportunities in work clothes"
Henry Kaiser (Industrial norte-americano)

Este passo visa a formulação da iniciativa com base num processo interno formal e normalizado. Deste modo, para que o documento traduza de forma precisa e clara qual a necessidade/problema/oportunidade de negócio detetada é fundamental que o interlocutor (cliente) que submete o pedido tenha um verdadeiro conhecimento da necessidade.

Com base nesse objetivo e por forma a preparar o documento com a correta tradução do problema e respetiva proposta da iniciativa, é essencial que o indivíduo proceda a uma análise de ***problem-solving***. Esta consiste numa análise qualitativa onde a principal necessidade/problema/oportunidade é descrita, seguida pela identificação dos seus principais impactos no negócio e o seu comportamento ao longo de um determinado período de tempo (análise de tendência).

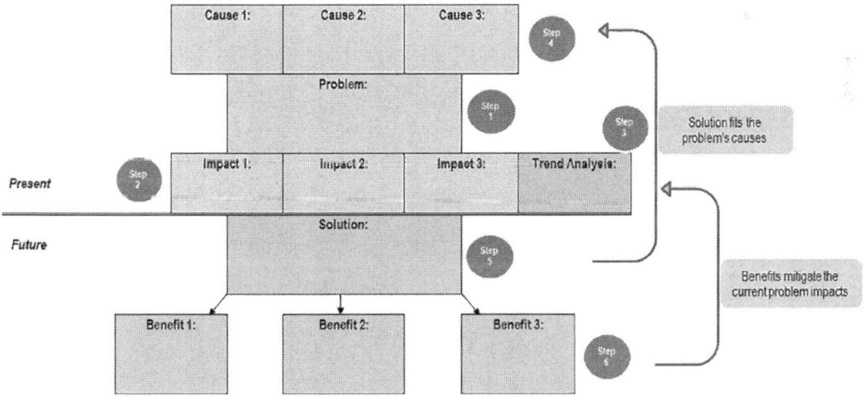

Figura 31. *Problem-solving Diagram* (Pereira, 2014)

Uma vez que a solução deverá responder às causas do problema, é de elevada importância identificar 20% das causas (recomenda-se a identificação de três principais causas) que levaram à origem do pedido desta iniciativa (investimento), pois estas serão responsáveis por 80% do problema, segundo a Lei de Pareto[1]. Por forma a conduzir esta abordagem de problem-solving existem duas técnicas usualmente utilizadas: a técnica dos **5 *Whys*** (5 Porquês) com vista a deter a principal causa do problema ao realizar o drill-down do mesmo (Taiichi, 1988) e *o* ***Fishbone Diagram*** (Diagram Espinha de Peixe ou Diagrama de Ishikawa) para analisar a causa--efeito permitindo realizar o *breakdown* das causas identificadas (Ishikawa, 1990). Ambas as técnicas visam identificar as principais causas do problema e as relações entre elas.

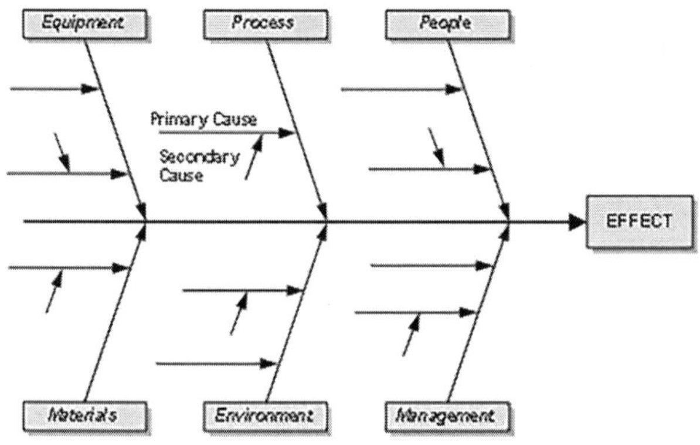

Figura 32. Exemplo Fishbone Diagram

Dado que a essência de um profissional de *Business Case* assenta no seguimento de um processo com qualidade este terá que contemplar informação relevante e verdadeira.

5.1.2.2. ELEVATOR PITCH

Após identificadas as causas do problema pode-se recorrer à técnica do ***Elevator Pitch*** para estruturar o Pedido de Projeto. Esta técnica foi originalmente utilizada na área das vendas e criada por Ilene Rosenzweig

[1] A origem da Lei de Pareto explícita no capítulo 8.3.2.2. Pareto foi um economista italiano que concluiu que 80% da riqueza gerada era distribuída a 20% da população. Juran, um expert na gestão de programas de controlo de qualidade, batizou a regra dos 80/20 como a Lei de Pareto, concluindo que 20% das causas (variáveis) conhecidas representam 80% dos resultados gerados.

and Michael Caruso, com o intuito de vender o projeto ao administrador em 30 segundos (tempo médio dentro de um elevador), sumariando os pontos-chave do mesmo.

O objetivo é captar a atenção do interlocutor e despertar o seu interesse pelo projeto, para que a conversa de circunstância se prolongue até, efetivamente, conseguir o *buy-in*.

Na perspetiva do *Business Case*, é importante estruturar:

- Apresentação do problema;
- Consequências do problema;
- Solução proposta;
- Benefícios da implementação da solução.

5.1.2.3. POLDAT

O documento com a formulação do pedido deverá expressar os principais impactos esperados na **arquitetura da empresa**: pessoas (*stakeholders*), processos e sistemas. Neste sentido, a técnica **POLDAT** (processos de negócio, organização, localização, dados, tecnologia, aplicações) apoia esta análise de impacto, implicando um claro conhecimento do cenário atual (As is) e do cenário futuro que se espera obter (To be).

Além das técnicas referidas, apresentam-se de seguida outras técnicas alternativas e/ou complementares no apoio à análise e compreensão do negócio.

Figura 33. POLDAT (Pereira, 2014)

5.1.2.4. FUTURES WHEEL

A técnica ***The Futures Wheel*** foi criada por Jerome Glenn em 1972, tendo ficado conhecido desde então como *expert* e *speaker* no tema de "Future Studies". Esta técnica foi originalmente criada para identificar potenciais **consequências** de uma decisão, evento ou tendência podendo ser aplicado no processo de decisão (***decision-making***) entre várias opções disponíveis e no processo de gestão de mudança ao identificar potenciais consequências da mudança (Glenn, 1972).

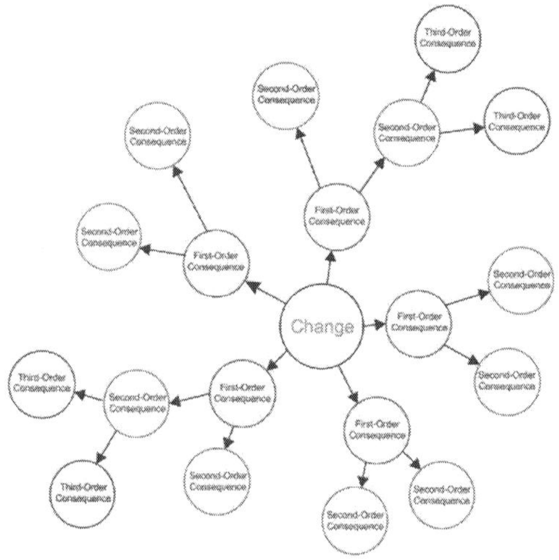

Figura 34. Exemplo *Futures Wheel* (Pereira, 2014)

5.1.2.5. ZACHMAN

Ao contrário dos métodos mais tradicionais que se organizam em volta do ciclo de vida de desenvolvimento do sistema, a técnica de **ZACHMAN** assenta noutro tipo de abordagem. A matriz desenvolvida inclui para cada fase, dados, função, localização, pessoas, tempo e motivação. As linhas representam os pontos de vista dos *players* no processo de desenvolvimento de sistemas (*Executive Perspective, Business Management, Architect, Engineer, Technician Enterprise*) enquanto as colunas representam os vários aspetos do processo (*What, How, Where, Who, When and Why*) (Zachman J. A., 1987).

É de realçar, que a *Zachman Framework* não é uma metodologia mas sim uma estrutura. Uma estrutura estabelece uma definição, enquanto um processo promove transformação.

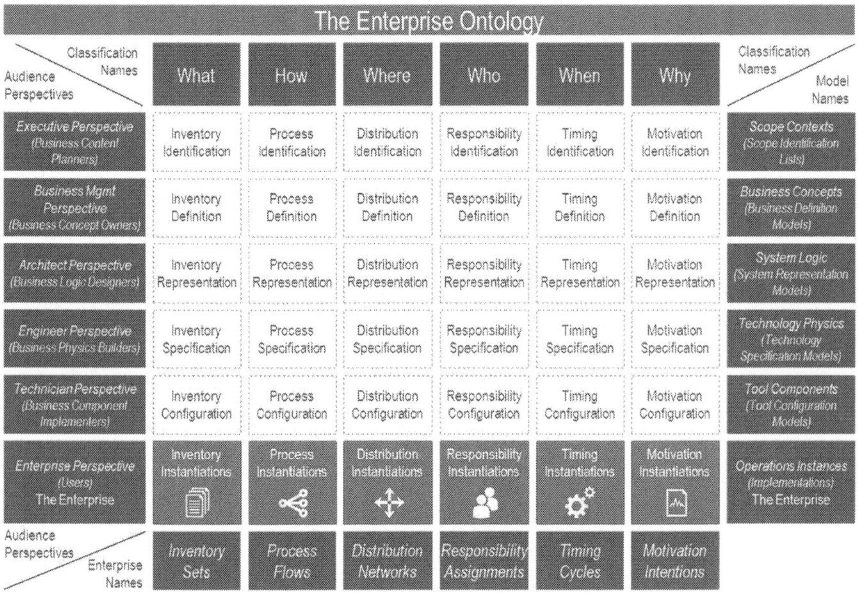

Figura 35. *Zachman Framework*

5.1.2.6. EXPERT JUDGMENT

Outra técnica popularmente utilizada é *o* ***Expert Judgment*** que consiste em solicitar informação e opiniões a indivíduos com particular *expertise* na matéria em análise. Esta técnica permite obter um *assessment* sobre um estado ou grau de conhecimento sobre um aspeto em particular (produto/tecnologia/mercado) ou de um contexto, de forma rápida. Esta técnica segue um princípio chamado *Wisdom Crowd* (Sabedoria das Multidões), baseado no facto de que "a multidão tem mais sabedoria que uma só parte" e onde o grau de erro da decisão poderá ser muito inferior do que se tomada com base no juízo de apenas uma pessoa. No entanto, apresenta a desvantagem de não ser uma técnica rigorosa e não conferir grau de confiança.

A metodologia do *Expert Judgment* é igualmente sujeita aos mesmos princípios científicos como outras técnicas usadas para recolher dados. O *Expert Judgment* rege-se pelos principais princípios (Cooke, 1991):

- *Reproducibility* (Reprodutível) – deverá ser possível que os pares (científicos) revejam e reproduzam os cálculos baseados em *expert judgment*;

- *Accountability (Responsável)* – a fonte para o *expert judgment* terá que ser identificável;
- *Empirical control* – o desempenho dos experts (peritos) ex. a bondade da sua probabilidade pode ser avaliada empiricamente;
- *Neutrality (Neutralidade)* – o método utilizado para obter o parecer deve incentivar os especialistas a expressarem a sua verdadeira opinião;
- *Fairness (Justiça)* – todos os *experts* são tratados de forma equitativa *a priori*.

5.1.2.7. ENTERPRISE WORKFLOW

Com o crescimento do negócio, a definição do *workflow* da empresa tem-se tornado essencial para uma boa gestão. Este ***Enterprise Workflow*** consiste no fluxo de trabalho de uma organização e no conjunto de regras organizacionais para executar a sua atividade. Ou seja, é o conjunto de atividades de negócio, que através de recursos e processos permitem a transformação de materiais, oferta de serviços e processamento de informação.

5.1.2.8. ENTERPRISE ARCHITECTURE

A arquitetura de uma empresa é uma visão holística e integrada de um Sistema fundamental da empresa composto pelos seus elementos (pessoa, processos, aplicações, etc) e nas relações / interações entre eles e o ambiente e os princípios que guiam o seu design e evolução (IEEE 1471-2000, *Recommended Practice for Architectural Description of Software-Intensive Systems*).

A *Enterprise Architecture* surgiu em 1980, tendo sido mais tarde incorporada na *framework* de John Zachman's (Shah & Mohamed, 2007).

5.1.2.9. BUSINESS REQUIREMENT

O principal ponto de partida de um *Business Case*, especialmente na fase de definição do problema e quantificação dos benefícios, prende-se com a compreensão de que o requisito de negócio é composto pela necessidade sentida mais o impacto gerado pela mesma.

Requisito de Negócio = Necessidade de Negócio + Impacto de Negócio[2]

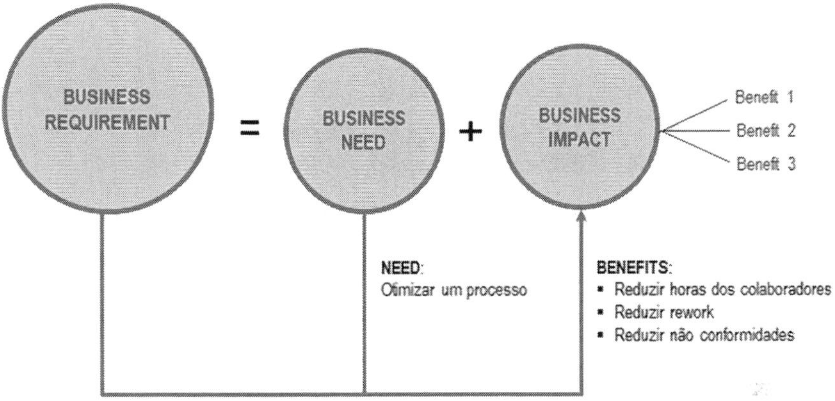

Figura 36. Definição do *Business Requirement* (Pereira, 2014)

Deste modo, aquando da proposição de uma solução à necessidade, esta terá que gerar um impacto positivo que será por sua vez quantificável em termos financeiros.

O documento com o pedido da proposta deverá também apresentar os impactos da não realização do projeto.

5.1.3. FORMULAÇÃO DO PEDIDO: SAÍDAS

5.1.3.1. PROJECT REQUEST FORM

Após considerar as Entradas e aplicar as técnicas de análise, o documento com o pedido do projeto deverá apresentar:

- O problema atual;
- Os impactos do problema e a sua tendência (comportamento) ao longo do tempo;

[2] O conceito de *business impact* segue o princípio do valor económico do capital (capítulo 1.2), cujo entendimento é essencial para a devida quantificação dos benefícios estimados. O valor do investimento ou da iniciativa não vale pela ideia em "si", mas sim pelo valor que ela gera, isto é, pelo impacto que proporciona.

- As causas do problema;
- A situação futura com a solução proposta (produto/serviço);
- Identificar se há alguma dependência externa;
- Mencionar qual o impacto deste projeto não ser feito e se existem ou não, alternativas temporárias;
- Análise de impacto da solução na arquitetura da empresa nomeadamente áreas funcionais, processos e sistemas aplicacionais;
- Descrição dos principais benefícios;
- Anexos úteis para análise (ex. relatórios, etc);
- Área a efetuar o pedido, Nome do pedido e Interlocutor.

Após a apresentação do pedido do projeto, a iniciativa terá que ser avaliada se responde aos objetivos estratégicos da empresa por forma a garantir que a organização investe os seus recursos com alinhamento à sua visão e estratégia definidas.

5.2. ALINHAMENTO ESTRATÉGICO

O processo de *Strategic Alignment* tem como objetivo avaliar qualitativamente se uma determinada iniciativa tem condições mínimas para avançar no processo de avaliação. O objetivo é perceber o quão estratégica é para que seja considerada como potencial. O modelo deve considerar a possibilidade de exceções, bem como permitir uma forte leitura em linguagem de gestão de topo da organização.

1. Entradas	2. Técnicas & Ferramentas	3. Saídas
1. Project Request Form 2. Strategic Plan 3. Organization Capacity 4. Exceptional Conditions	1. Strategic Force Analysis 2. Scoring Model 3. Murder Board 4. SWOT Analysis 5. Peer Review 6. Nominal Group 7. Delphi Technique 8. Paired Comparison Analysis 9. Analytical Hierarchy Process	1. Strategic Alignment 2. Go/No-Go

5.2.1. ALINHAMENTO ESTRATÉGICO: ENTRADAS

Após o pedido do projeto ter sido aprovado pelo administrador, o passo de Alinhamento Estratégico é determinante para considerar, ou não, a estimação quantitativa dos benefícios posteriormente.

Assim, é necessário considerar as seguintes Entradas:

5.2.1.1. PROJECT REQUEST FORM

O *Project Request Form* resulta do processo de Formulação do Pedido, descrito no *output* 5.1.3.1.

Por forma a proceder à avaliação da iniciativa ao nível estratégico, esta requer o documento com a formulação do pedido (*Project Request Form*) onde está formalizado o pedido de projeto de forma normalizada, estabelecendo a visão do problema atual, evidenciando as dores da organização, bem como o que se pretende obter no futuro, referindo o impacto de não fazer e quais os benefícios da solução que se pretende. Neste documento também é realizada uma análise superficial do impacto ao nível da empresa: áreas, processos e sistemas.

5.2.1.2. STRATEGIC PLAN

Por forma a verificar se a iniciativa está a alinhada com o plano estratégico, há que conhecer qual o plano estratégico da organização (descrito no *input* 5.1.1.1.). A formulação da estratégia implica a construção da missão da empresa, um *scanning* do ambiente interno e externo de forma que este permita o desenvolvimento de um conjunto de objetivos estratégicos, metas e táticas a serem seguidas pela organização (Thune, 1970) (Rhyne, 1986).

5.2.1.3. ORGANIZATION CAPACITY

A análise da capacidade organizacional consiste no processo de análise do desenvolvimento, do ambiente de trabalho, das competências do *staff* e funcionamento da operação de um negócio. Realizar uma análise organizacional detalhada regular é útil para a gestão, na medida em que permite identificar possíveis problemas ou deficiências que tenham surgido mas até ao momento não abordadas e assim desenvolver estratégias para a sua resolução. Esta análise concentra-se na estrutura e *design* da organização e em perceber de que forma os sistemas, capacidade e funcionalidades influenciam os resultados. Os fatores internos e externos também são tidos em conta para avaliar como melhorar a eficiência. A análise da capacidade organizacional é útil para avaliar o nível de "bem-estar" e da capacidade da organização e decidir as ações a tomar para melhorar a sustentabilidade da organização a longo prazo. A reestruturação de uma organização poderá tornar-se necessária quando forças externas ou internas criam um problema ou uma oportunidade de melhoria ao nível da eficiência e eficácia.

5.2.1.4. EXCEPTIONAL CONDITIONS

Expectional Conditions (Condições excecionais) são informações que condicionam o prosseguimento da iniciativa e o influenciam a técnica de *Scoring Model* (ver técnica 5.2.2.2.). Poderão existir fatores que nos forcem a avançar com uma determinada iniciativa (*Force In*), como iniciativas de carácter legal/conformidade. Da mesma forma, poderão existir fatores que fazem com que determinada iniciativa não avance independentemente do seu *score* (*Force Out*). É necessário conhecer estas condições excecionais para a avaliação da iniciativa.

5.2.2. ALINHAMENTO ESTRATÉGICO: FERRAMENTAS E TÉCNICAS

5.2.2.1. STRATEGIC FORCE ANALYSIS

Uma das técnicas especialmente recomendadas pela sua eficácia e clareza é a ***Strategic Force Analysis*** (Análise das forças estratégicas).

A *Strategic Force Analysis* tem o objetivo de avaliar de forma qualitativa se a iniciativa proposta tem as condições mínimas para dar o próximo passo no processo de *Business Case*. Este exercício consiste na identificação de qual o contributo da solução para o(s) objetivo estratégico(s), descrevendo quanto irá contribuir e como será atingido. Tal requer que a organização estipule objetivos estratégicos claros (idealmente em formato SMART*) por forma a analisar como a solução proposta se enquadra na estratégia da empresa.

**SMART goals* – *acrónimo para:*

S *Specific* – específicos
M *Measureable* – mensuráveis
A *Achievable* – atingíveis (realistas)
R *Relevant* – relevantes (organização com a estratégia da empresa)
T *Time-Bounded* – com uma *deadline* definida

5.2.2.2. SCORING MODEL

Esta técnica é complementar à *Strategic Force Analysis* e tem como objetivo analisar a contribuição de cada benefício para cada objetivo estratégico.

A técnica de ***Scoring Model*** inclui uma lista de critérios de decisão para a seleção de iniciativas. Estas iniciativas são classificadas em cada critério, tipicamente numa escala numérica. Posteriormente, essa pontuação é multiplicada por pesos e somada para obter a classificação final. As iniciativas com maior classificação terão maior prioridade para a empresa (Milosevic, 2003).

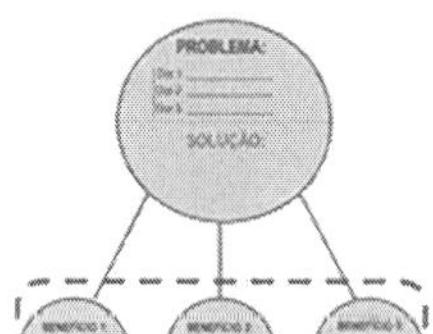

List of Criteria	Weight	Evaluation: Low	Evaluation: Medium	Evaluation: High	Score	Total	
Criteria 1	20%	0	5	10	10	2	Indicator "Y"
Criteria 2	20%	0	5	10	10	2	
Criteria 3	10%	0	5	10	5	0.5	
Criteria 4	15%	0	5	10	10	1.5	
Criteria 5	5%	0	5	10	5	0.25	
Criteria 6	5%	0	5	10	0	0	
Criteria 7	5%	0	5	10	10	0.5	Indicator "X"
Criteria 8	5%	0	5	10	5	0.25	
Criteria 9	10%	0	5	10	0	0	
Criteria 10	5%	0	5	10	5	0.25	
TOTAL WEIGHT = 100%					TOTAL SCORE	7.25	
					Indicator "Y" (0 to 1)	0.83	
					Indicator "X" (0 to 1)	0.4	

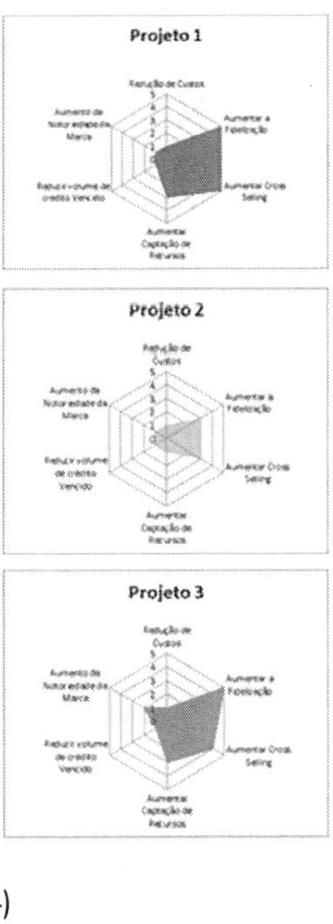

Figura 37. Exemplo *Scoring Model* (Pereira, 2014)

Este exercício simples garante que a organização mantém a sua energia e os esforços concentrados na sua visão, evitando o risco de se caír em caprichos ou desejos pessoais. Dado que as organizações têm diversas iniciativas (proposta de projetos) a considerar, a técnica de *Scoring Model* apoia na priorização das mesmas através de uma abordagem racional baseada na perspetiva de alinhamento estratégico. O *Scoring Model* requer racionalidade, compromisso e pragmatismo *Top-Down* (com origem e exemplo pela gestão de topo, tipicamente os *decision-makers*) especialmente na fase do *ranking* de cada objetivo estratégico em termos de importância.

5.2.2.3. MURDER BOARD

O projeto tem que estar alinhado com os eixos de atuação da empresa. Isto é, tem de ser convertido em indicadores concretos. Uma das técnicas utilizadas para avaliação qualitativa de projetos é a chamada ***Murder Board***, que se trata de uma reunião com o *board of directors*, onde cada *sponsor* terá 5 minutos para o partilhar, fazendo uma apresentação dos objetivos estratégicos, enquanto os administradores avaliam se estes estão de acordo com os objetivos da empresa. A técnica de *Murder Board* teve origem nos serviços militares dos Estados Unidos onde era organizado um comité de júris por forma a analisar criticamente uma proposta ou auxiliar algum membro a tomar uma decisão. Atualmente é muito utilizada para propósitos académicos, governamentais e até na gestão de negócios.

Quando se conclui que uma ideia está alinhada com o plano estratégico da empresa o processo pode passar à fase seguinte.

5.2.2.4. SWOT ANALYSIS

A Análise SWOT, originalmente criada por Albert Humphrey, durante as décadas de 1960 e 1970, é uma ferramenta que permite à gestão analisar e posicionar a empresa no contexto atual. A Análise SWOT expõe quais as forças e fraquezas da empresa e quais as oportunidades e ameaça das condições do mercado, tornando-se particularmente útil para identificar elementos-chave, estabelecer prioridades de atuação e preparar opções estratégicas. Ao aplicar esta ferramenta, é possível compreender se a iniciativa em estudo se enquadra nas prioridades da empresa.

SWOT TEMPLATE	
Forças Fatores internos positivos sob controlo da organização que podem ser potenciados	**Fraquezas** Fatores internos negativos sob controlo da organização que devem ser mitigados
Oportunidades Fatores externos positivos fora do controlo da organização que podem ser potenciados	**Ameaças** Fatores externos negativos fora do controlo da organização que devem ser mitigados

5.2.2.5. PEER REVIEW

Quanto à técnica ***Peer Review*** (revisão pelos pares) esta serve para garantir os *standards* de qualidade, melhorar a performance e oferecer credibilidade, através da avaliação do trabalho por uma ou mais pessoas dotadas de competências similares aos executantes desse trabalho (*peers*).

A técnica de *peer review* é muito conhecida, em especial no mundo académico pelos professores universitários. Toda a investigação apresentada em jornais científicos é *peer reviewed*. O objetivo é ajudar os autores a produzirem uma pesquisa melhor, através de uma revisão feita por *experts* na matéria (Rieber, 2006).

5.2.2.6. NOMINAL GROUP

A técnica do ***Nominal Group*** consiste num processo em grupo que envolve a identificação de um problema, a criação de uma solução e a tomada de decisão final. Esta técnica é especialmente usada quando os grupos pretendem chegar a um consenso e tomar uma decisão rápida, por exemplo via votação, mas que pretende considerar a opinião de todos.

Esta técnica pode ser considerada um refinamento da atividade de *Brainstorming*, nomeadamente na fase inicial onde requer uma tarefa de criatividade de forma individual e silenciosa, por forma a gerar mais ideias. Assim, os participantes estão nominalmente em grupo mas a trabalhar individualmente em cada fase, sendo um grupo pelo nome, daí chamada NGT.

Investigadores das técnicas de *Brainstorming* concluíram que por vezes esta pode vir a inibir o pensamento criativo comparativamente com outras técnicas que recorrem a atividades silenciosas, como é o caso da NGT (Taylor, Berry, & Block, 1958).

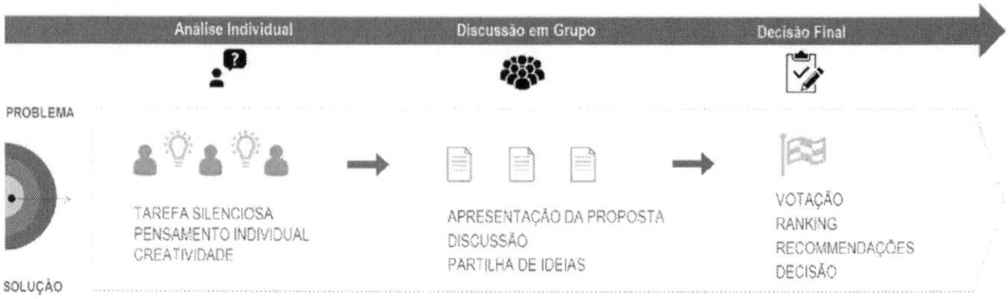

Figura 38. *Nominal Group Technique Workflow* (Pereira, 2014)

É pedido aos participantes da NGT para escreverem as suas ideias, sem comentá-las aos outros colegas. Normalmente é feito em *post-its*, com uma ideia escrita em cada um, permitindo as ideias circularem, por exemplo, via *Positioning maps*. Estas ideias são posteriormente apresentadas pelos membros do grupo ou pelo moderador, e discutidas abertamente, tipicamente num quadro ou em papéis largos, para que todos os membros do grupo possam ler. Após a leitura ter sido terminada, são posteriormente discutidas e criticadas pelo grupo como um todo. Depois, é feito um *ranking* de cada ideia e a cada uma será atribuída um valor numérico de acordo com a sua popularidade, baseada no número de votos. Tal poderá ser feito fornecendo um número limitado de adesivos para usar como voto e colá-los na ideia selecionada. As ideias mais votadas, serão posteriormente desenvolvidas pelo grupo (Clive, 2012).

Neste sentido, a técnica de Nominal Group também poderá ser utilizada na priorização dos objetivos estratégicos da empresa pela comissão executiva.

5.2.2.7. DELPHI TECHNIQUE

A ***Delphi Technique*** é um método sistemático que procura obter uma informação consensual e credível através de um painel de *experts*, facilitando a tomada de decisão (Dalkey & Helmer, 1962). O objetivo é utilizar o *expertise* do grupo para chegar a uma conclusão, tal como em técnicas de *brainstorming* e *round-tables*. No entanto, esta metodologia distingue-se por eliminar respostas enviesadas devido a influência psicológica (ex.: quando existe um elemento dominador no grupo ou existe pressão social para responder de uma determinada forma) (Brown, 1968).

Segundo o mesmo artigo de Brown (1968), neste método, cada *expert* responde individualmente a um questionário, sem confrontar as opiniões dos outros. Após o seu preenchimento, reúnem-se as respostas e fazem-se circular pelo painel de *experts* para maior desenvolvimento e comentários. Após ouvirem o *feedback*, os *experts* podem reformular a sua opinião, tendo em conta outros fatores que inicialmente possam não ter considerado. O consenso é normalmente atingido após várias rondas.

Esta técnica segue um princípio chamado *Wisdom Crowd* (Sabedoria das Multidões), baseado no facto de que "a multidão tem mais sabedoria que uma só parte" e onde o grau de erro da decisão poderá ser muito inferior do que se tomada com base no juízo de apenas uma pessoa.

5.2.2.8. PAIRED COMPARISON ANALYSIS

A ***Paired Comparison Analysis*** é uma técnica que permite atribuir um grau de importância relativa entre duas opções (Lavrakas P. J., 2008). É utilizada em situações em que é necessário definir prioridades porque existem conflitos na utilização de recursos ou onde as opções são totalmente diferentes ou subjetivas.

Esta análise oferece uma *framework* que facilita o exercício de comparação entre uma opção e as restantes e assiste na demonstração da diferença de importância entre os vários fatores.

5.2.2.9. ANALYTICAL HIERARCHY PROCESS

O ***Analytical Hierarchy Process*** (processo de hierarquia analítico) é uma técnica alternativa que permite decompor o problema em "sub-problemas" numa hierarquia, para que cada um seja analisado de forma independente. Aplicado ao *Business Case*, apresenta-se como uma forma de decompor

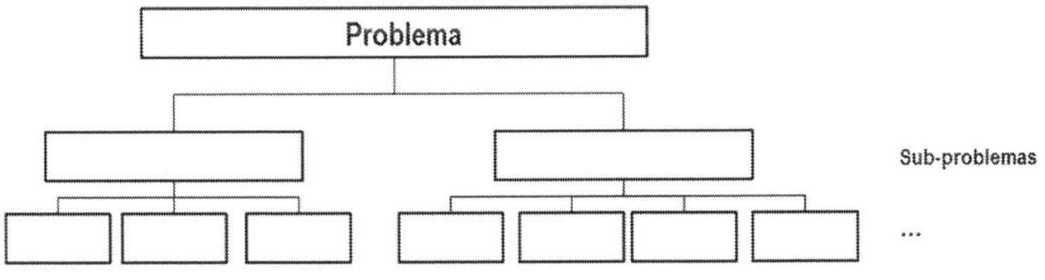

o objetivos estratégicos da empresa, para que seja possível analisar a sua importância relativa.

Uma vez decompostos os objetivos estratégicos, os decisores irão avaliar de forma sistemática os vários objetivos através da comparação de cada um, em pares, quanto à sua importância para a organização. Para tal, elabora-se uma matriz de preferências, como apresentada na figura abaixo:

	PTE1	PTE2	PTE3	PTE4	PTE5	...	PTEn
PTE1		PTE1	PTE3	PTE1	...	...	...
PTE2			PTE3	...	...	...	...
PTE3				...	...	...	...
PTE4					...	...	...
PTE5						...	...
...							...
PTEn							

Após as comparações e os juízos baseados no nível de relevância de cada elemento, estas avaliações são convertidas em valores numéricos que poderão ser processados e comparados ao longo de todo o âmbito do problema. Deste modo facilita-se a comparação entre diversos elementos de forma racional e coerente.

O resultado desta técnica poderá ser útil na ordenação da importância dos objetivos estratégicos na técnica de Modelo de *Scoring*, explicada anteriormente.

5.2.3. ALINHAMENTO ESTRATÉGICO: SAÍDAS

5.2.3.1. STRATEGIC ALIGNMENT

A Saída deste processo é a determinação do alinhamento da iniciativa com os objetivos estratégicos. Este processo é de particular importância, pois não só indica quais as iniciativas alinhadas com a estratégia da organização, como permite priorizar iniciativas consoante a sua importância estratégica.

5.2.3.2. GO/NO-GO

Após avaliar o alinhamento estratégico da iniciativa, é decidido se o *Business Case* avança para o passo seguinte (Estimação dos Benefícios). Caso se conclua que a iniciativa não está alinhada com a estratégia da organização, esta deve seguir o "*No-Go*", ou seja, não deve avançar.

O facto de a iniciativa não contribuir para o alcance dos objetivos estratégicos implica que não cria valor para a organização, pelo que deverá ser rejeitada pela gestão de topo. Por outro lado, estando alinhada com a estratégia da organização, passa-se para o próximo processo de Estimação dos Benefícios.

5.3. ESTIMAÇÃO DOS BENEFÍCIOS

Se a iniciativa responde aos requisitos estratégicos, poder-se-á dar o próximo passo no processo de *Business Case*.

O processo de *Benefit Estimation* tem como objetivo avaliar quantitativamente qual o impacto dos benefícios do projeto no negócio e na empresa. Benefícios são melhorias mensuráveis e percecionadas como valor por um ou mais *stakeholders* (Sanchez & Robert, 2010).

Pretende-se que os benefícios sejam calculados através de um processo robusto para que estes tenham rigor, exatidão e sejam conservadores.

1. Entradas	2. Técnicas & Ferramentas	3. Saídas
1. Project Request Form 2. Strategic Alignment 3. Enterprise Environment Factors 4. Outer Context 5. Historical Data 6. Market Reports	1. Data Collection Plan 2. Pareto Analysis 3. Gap Analysis 4. Data Gathering 5. Parametric Analysis 6. Control/Focus Group 7. Prototyping / Simulation 8. Survey's 9. Sensitive Analysis 10. Three Point Estimate	1. Benefits Plan 2. Benefits Estimation 3. Sensitive Data

Dado que os orçamentos, cada vez mais reduzidos, têm criado obstáculos ao investimento nas organizações atuais, o *mindse*t deverá converter-se para a definição do orçamento pela via dos benefícios esperados que

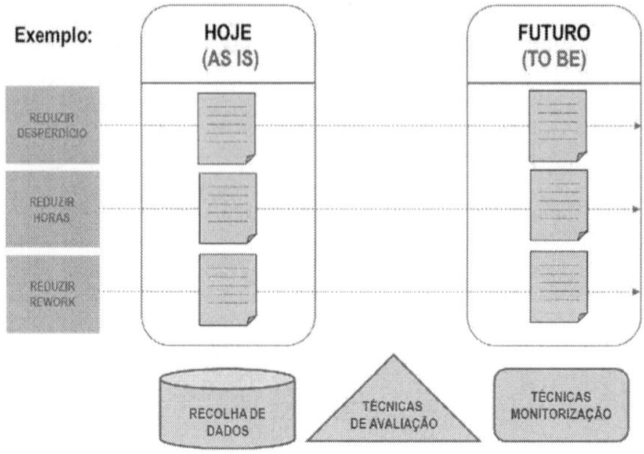

Figura 41. *Benefits Planning* (Pereira, 2014)

a solução (investimento) irá despertar no futuro. Deste modo, o valor dos benefícios determinará as restrições ao orçamento.

Com vista a estimar os benefícios, existem várias técnicas para recolher a situação atual e avaliar o cenário futuro. Identificar as fontes de informação corretas e as técnicas de avaliação irá determinar a veracidade e a qualidade de informação do *Business Case*. Deste modo, esta etapa é crítica para garantir que a estimação será a mais próxima da realidade e, consequentemente, com um desvio esperado reduzido.

5.3.1. ESTIMAÇÃO DOS BENEFÍCIOS: ENTRADAS

5.3.1.1. PROJECT REQUEST FORM

O *Project Request Form* resulta do processo de Formulação do Pedido, descrito no *output* 5.1.3.1. Por forma a proceder à Estimação dos Benefícios, esta requer o documento com a formulação do pedido (*Project Request Form*) onde estão formalizados, entre outros, os benefícios que se pretendem alcançar e a situação futura perspetivada.

5.3.1.2. STRATEGIC ALIGNMENT

Tal como descrito no *output* 5.2.3.1., o alinhamento estratégico da iniciativa é uma informação relevante que nos indica como é que a iniciativa em estudo está alinhada com os objetivos da organização. Este *input* surge do processo de Alinhamento Estratégico, no qual os benefícios da iniciativa são confrontados com os objetivos estratégicos da organização.

5.3.1.3. ENTERPRISE ENVIRONMENTAL FACTORS

Enterprise Environmental Factors (Fatores ambientais da empresa) refere-se às condições fora de controlo da iniciativa em estudo que podem influenciar direta ou indiretamente o desenvolvimento da mesmo. Estes fatores são consideradas *Entradas* em vários processos, uma vez que podem impactar positivamente o projeto ou ser um obstáculo ao seu sucesso.

Os fatores ambientais da empresa podem ter uma natureza diversa e incluem, entre outros, os seguintes:

- Cultura organizacional, estrutura da empresa e processos organizacionais;
- Distribuição geográfica de recursos e instalações;
- Leis governamentais e *standards* da indústria;
- Condições do mercado;
- Recursos humanos disponíveis (ex.: competências, conhecimentos);
- Tolerância ao risco por parte dos *stakeholders*;
- Produtos e serviços disponíveis no mercado;
- Canais de comunicação da empresa.

5.3.1.4. OUTER CONTEXT

Outer Context (Contexto Externo) inclui os fatores estruturais e culturais externos à organização que podem afetar a iniciativa em estudo, de forma positiva ou negativa. Inclui, entre outros:

- Contexto social e político (leis e regulamentos);
- Incentivos externos;
- Opinião pública e *media*.

5.3.1.5. HISTORICAL DATA

Informação histórica sobre a empresa (como informações sobre projetos anteriores em termos de custos e benefícios, dados sobre clientes e vendas, etc.) poderá ser útil para fazer prever futuras tendências que possam condicionar a iniciativa em estudo ou ajudar na quantificação de benefícios e custos.

5.3.1.6. MARKET REPORTS

Relatórios sobre o mercado trazem informação relevante sobre a caracterização do mercado, o seu comportamento e as suas tendências, contextualizando a iniciativa no setor/indústria a que pertence. Estes relatórios são um bom *input* para detetar oportunidades ou ameaças.

5.3.2. ESTIMAÇÃO DE BENEFÍCIOS: FERRAMENTAS E TÉCNICAS

5.3.2.1. DATA COLLECTION PLAN

Como ponto de partida, é essencial criar um plano onde constem os principais benefícios a serem quantificados, as métricas necessárias para a sua medição, as técnicas de recolha e a fonte da informação. Como o princípio de retorno dos investimentos consiste na diferença entre o cenário futuro e o cenário atual, este exercício de ***Data Collection Plan*** (Plano de Recolha de Dados) é mandatório para recolher as informações e dados que descreve o estado atual do problema e respetivas variáveis que permitirão estimar qual o comportamento esperado no futuro.

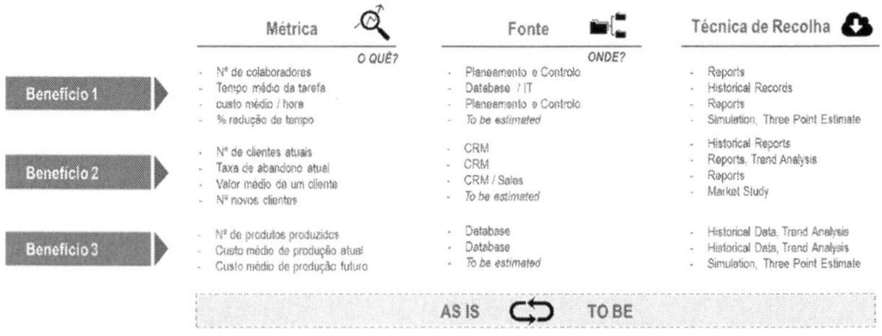

Figura 42. Exemplo *Data Collection Plan* (Pereira, 2014)

5.3.2.2. PARETO ANALYSIS

Vilfredo Pareto, um economista italiano e sociólogo (1848-1923), demonstrou que 80% da riqueza da nação foi distribuída a 20% da população (os "poucos vitais"). Os restantes 20% da riqueza foram distribuídos entre os outros 80% da população ("os muitos triviais") (La Rooy, 1999).

O modelo matemático e económico de Pareto tornou-se associado à regra 80/20 que afirma que 20% das variáveis conhecidas são responsáveis por 80% dos resultados (Basile, 1996). Essa ligação foi o resultado das observações de Joseph M. Juran, um "pioneiro no desenvolvimento de princípios e métodos de gestão de programas de controlo de qualidade" (Juran J. , 2001). Juran atribuiu o nome "Pareto" a este princípio de "os poucos vitais e os muitos triviais". Trata-se de um nome abreviado para o fenómeno que em qualquer população que contribui para um efeito comum, poucos dos contribuintes representam a maior parte do efeito (Juran J. , 2001).

A heurística do princípio de Pareto, que enfatiza o foco nos "poucos vitais" em detrimento dos "muitos triviais", simplifica o processo de decisão e é um princípio de gestão geralmente aceite que pode ser recomendado como um modelo com pouca oposição (Craft & Leake, 2002).

Segundo esta regra, a estimativa de benefícios deverá concentrar-se em 20% dos principais benefícios (idealmente até 3 benefícios), uma vez que estes irão representar 80% do valor gerado. Os restantes benefícios identificados deverão ser listados como intangíveis pelo contributo residual que irão gerar.

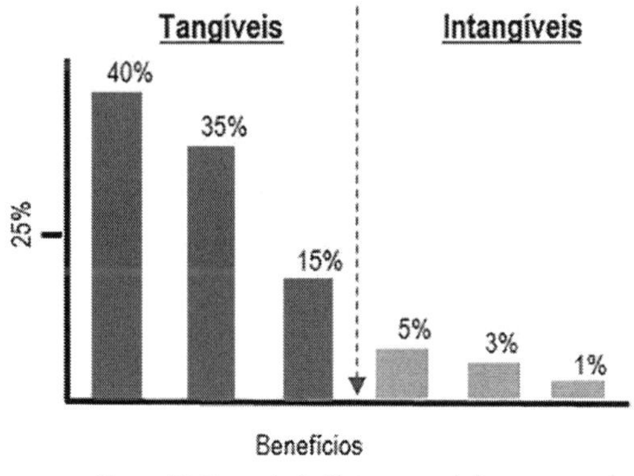

Figura 43. Exemplo de Histograma de Pareto

5.3.2.3. GAP ANALYSIS

Para facilitar o planeamento dos dados a serem recolhidos no cenário atual e no futuro, a técnica de ***Gap Analysis*** é um exercício útil que permite comparar o estado atual e o futuro desejado, a fim de identificar as diferenças que precisam ser abordadas. Esta técnica surgiu, inicialmente, no âmbito da gestão da qualidade de serviços, desenvolvida por Parasuraman *et al.* (1985), numa lógica de compreender o *gap* entre a expectativa que o cliente tem face ao serviço e a perceção do que, de facto, recebeu. No entanto, para o desenvolvimento de *Business Cases*, o objetivo da técnica é identificar as tarefas necessárias para colmatar a diferença entre a situação corrente e os objetivos do projeto.

Tendo planeado todos os dados essenciais necessários para a quantificação dos benefícios, o próximo passo será definir as equações paramétricas antes da atribuição dos valores recolhidos. Posto isto, passa-se à fase de recolha de dados, que deverá seguir o plano de orientação previamente preparado.

Para a recolha dos benefícios (**5.3.2.4. *Data Gathering***) existe uma diversidade de técnicas, tais como:

5.3.2.5. PARAMETRIC ANALYSIS

O modelo paramétrico (***Parametric Model***) é um método especialmente preciso e confiável que consiste na utilização de dados históricos e parâmetros de projetos anteriores do mesmo tipo através de um modelo matemático com estatística e capacidades de análise de qualquer relação de causa-efeito existente entre as variáveis, sendo um valioso contributo para a análise da atual iniciativa.

5.3.2.6. CONTROL/FOCUS GROUP

Control Groups (Grupos de Controlo) é a realização de um estudo em dois grupos, em que um dos grupos é alvo de experimentação e o outro não, por forma a avaliar o impacto da variável em estudo (Lavrakas P. J., 2008).

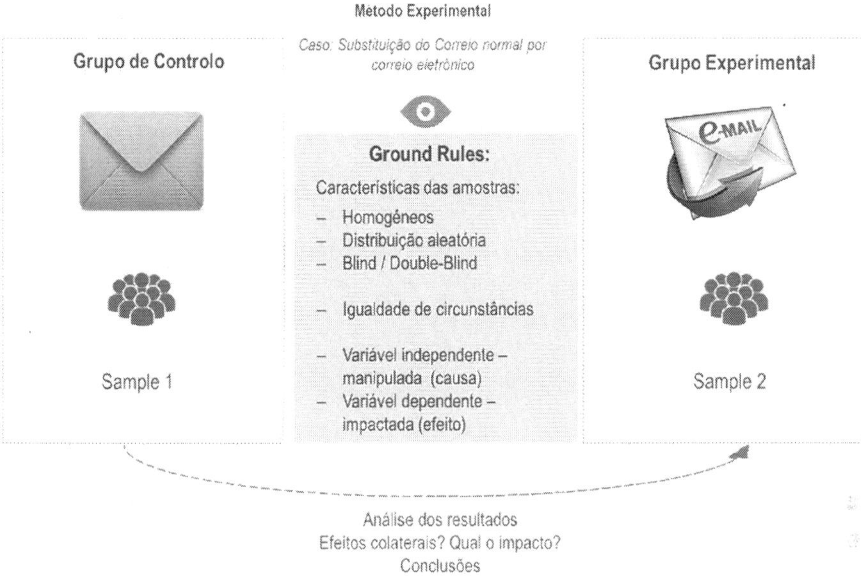

Figura 44. *Control Group Example* (Pereira, 2014)

Focus Group, por sua vez, é extrair ideias e atitudes, tais como impressões, preferências e necessidades sobre um produto/serviço/oportunidade específica num ambiente de grupo interativo, num grupo de pessoas com *expertise* na área ou com uma necessidade específica (Kettinger, Teng, & Guha, 1997).

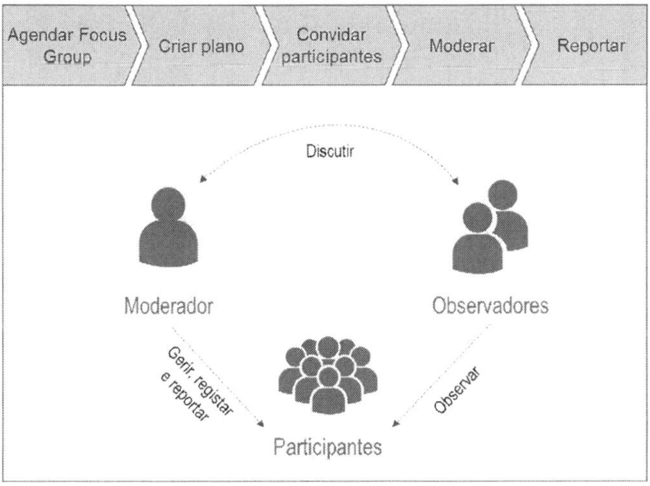

Figura 45. Focus Group (Pereira, 2014)

5.3.2.7. PROTOTYPING/SIMULATION

O ***Prototyping*** (Prototipagem) é uma técnica que requer desenvolver uma versão experimental e simplificada do produto/serviço por forma a ter um *feedback* e reajustar requisitos antes de a solução ser desenhada e desenvolvida (Kettinger, Teng, & Guha, 1997).

As ***Simulations*** (Simulações) são o processo de execução de um modelo (produto/sistema protótipo) para utilização durante um período de tempo e posterior observação dos resultados.

5.3.2.8. SURVEYS

Os ***Surveys*** (Questionários) são uma técnica para recolher um conjunto de perguntas uniformizadas para um grupo de grande dimensão para recolher as respostas num curto espaço de tempo. Este instrumento deve ser construído de forma a induzir respostas imparciais (Kettinger, Teng, & Guha, 1997).

Na tabela abaixo apresentam-se algumas vantagens e desvantagens caso o tipo de questionário seja de resposta aberta ou de resposta fechada.

	Vantagens	Desvantagens
Resposta Aberta	• Preza o pensamento livre e a originalidade; • Surgem respostas mais variadas; • Respostas mais representativas e fiéis da opinião do inquirido; • Vantajoso para o investigador, pois permite-lhe recolher variada informação sobre o tema em questão.	• Dificuldade em organizar e categorizar as respostas; • Requer mais tempo para responder às questões; • Em caso de baixo nível de instrução dos inquiridos, as respostas podem não representar a opinião real do próprio.
Resposta Fechada	• Rapidez e facilidade de resposta; • Maior uniformidade, rapidez e simplificação na análise das respostas; • Facilita a categorização das respostas para posterior análise; • Permite contextualizar melhor a questão.	• Dificuldade em elaborar as respostas possíveis a uma determinada questão; • Não estimula a originalidade e a variedade de resposta; • Não preza uma elevada concentração do inquirido sobre o assunto em questão; • O inquirido pode optar por uma resposta que se aproxima mais da sua opinião não sendo esta uma representação fiel da realidade.

Figura 46. Vantagens e Desvantagens de cada Questionário

5.3.2.9. SENSITIVE ANALYSIS

Após a recolha de todos os dados a fornecer como *input* para as equações paramétricas, os resultados deverão passar por uma **análise de sensibilidade (*Sensitive Analysis*)**, a fim de determinar como diferentes valores de uma variável independente sob um determinado conjunto de pressupostos, irão impactar uma variável dependente.

A análise de sensibilidade poderá ser usada para responder a tipos de questão "*what-if*" ("e se?"), que normalmente usa valores considerando vários cenários (Kelliher & Mahoney, 2000) (ver técnica **5.3.2.10. *Three-point Estimate***).

Existem vários programas de *software* que permitem realizar uma análise de sensibilidade múltipla, ouseja, que permite apresentar um intervalo de valores esperados (com mais ou menos risco) com base na variação de todos os pressupostos (explicado na técnica **5.5.2.3.**) e não apenas com base na alteração de um pressuposto individual (análise de sensibilidade simples).

Como resultado obter-se-á um intervalo de valores (com mais ou menos risco) de acordo com um nível de confiança (%).

5.3.2.10. THREE-POINT ESTIMATE

Ao longo da recolha dos dados e porque a realidade não é estática, a metodologia BCBOK recomenda considerar diferentes cenários durante o processo de estimação, nomeadamente, o mais otimista, o mais provável e o mais pessimista, com base na técnica ***Three-point Estimate***, útil para uma análise de caso de negócio. A decisão final deve ser sempre com base no cenário conservador, a fim de criar mais consciencialização e evitar discrepâncias inesperadas, tais como um retorno de investimento negativo.

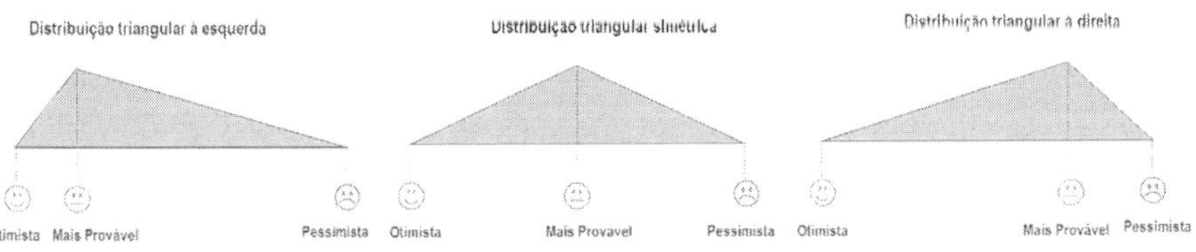

Figura 47. *Three-point Estimate* (Pereira, 2014)

A estimação faz-se pelo seguinte cálculo: $E = (a + 4m + b) / 6$, em que:

- a = Cenário mais otimista
- m = Cenário mais provável
- b = Cenário mais pessimista

5.3.3. ESTIMAÇÃO DE BENEFÍCIOS: SAÍDAS

5.3.3.1. BENEFITS PLAN

Este processo de Estimação de Benefícios tem como *output* o *Benefits Plan*. Este detalha quantitativamente quais os benefícios da iniciativa, como é que estes serão alcançados ao longo da implementação e exploração do projeto e quais as métricas para a sua medição.

5.3.3.2. BENEFITS ESTIMATION

Benefits Estimation (Estimativa dos Benefícios) é o valor numérico, resultante deste processo, que indica quanto valor será gerado pela iniciativa em estudo.

5.3.3.3. SENSITIVE DATA

Após recolher a Estimativa dos Benefícios (**5.3.3.2.**) e realizar a respetiva análise de sensibilidade (**5.3.2.9.**) obter-se-á o valor de benefícios (€) a considerar para posterior análise económico-financeira. De acordo com a metodologia desenvolvida pelo ROI Institute, deverá trabalhar-se o com o cenário cujos resultados são mais conservadores, pelo que se recomenda utilizar o valor respetivo aos 95% de confiança (grau de risco mais reduzido).

5.4. ESTIMAÇÃO DOS CUSTOS

O processo de *Cost Estimation* tem como objetivo obter uma **estimativa de custos para o projeto**. Esta estimativa deve contemplar não apenas o **custo** do projeto, como também os **novos custos de operação**. Deverão ser contempladas as componentes do produto, bem como a incerteza do projeto para que a estimativa seja conservadora e assim garanta que o orçamento é suficiente. Em situações limite poderão ser equacionadas opções de custos, para avaliar cenários alternativos.

1. Entradas	2. Técnicas & Ferramentas	3. Saídas
1. Project Request Form	1. Product Breakdown Structure	1. Cost Estimation
2. Benefits Estimation	2. Parametric Analysis	2. Sensitive Data
3. Enterprise Environment Factors	3. Analogous Estimation	
4. Outer Context	4. Bottom-Up Estimation	
5. Historical Data	5. Cost Breakdown Structure	
6. Market Reports	6. Expert Judgement	
	7. Risk Register	
	8. Sensitive Analysis	
	9. Three Point Estimate	

Após estimar os benefícios da iniciativa é igualmente necessário estimar os custos envolvidos. Os custos incluem: custos de investimento antes do período de exploração e os novos custos operacionais (OPEX).

Durante este processo, os componentes de serviços/produtos e tarefas devem ser considerados, bem como a incerteza do projeto, a fim de obter uma estimativa conservadora e garantir que o orçamento previsto é suficiente.

5.4.1. ESTIMAÇÃO DOS CUSTOS: ENTRADAS

5.4.1.1. PROJECT REQUEST FORM

O *Project Request Form* resulta do processo de Formulação do Pedido, descrito no *output* **5.1.3.1.** Por forma a proceder à Estimação dos Custos, esta requer o documento com a formulação do pedido (*Project Request Form*) onde está formalizada, entre outras, a situação futura que se pretende alcançar.

5.4.1.2. BENEFITS ESTIMATION

Tal como descrito no *output* **5.3.3.2.**, *Benefits Estimation* (Estimativa dos Benefícios) é o valor numérico, resultante do processo de Estimação de Benefícios, que indica quanto valor será gerado pela iniciativa em estudo.

5.4.1.3. ENTERPRISE ENVIRONMENTAL FACTORS

Tal como descrito no *input* **5.3.1.3.**, *Enterprise Environmental Factors* refere-se às condições internas ou externas que estão fora de controlo da iniciativa em estudo que podem influenciar direta ou indiretamente o desenvolvimento do mesmo. Estes fatores são consideradas *Entradas* em vários processos, uma vez que podem impactar positivamente o projeto ou ser um obstáculo ao seu sucesso.

5.4.1.4. OUTER CONTEXT

Tal como descrito no *input* **5.3.1.4.**, *Outer Context* inclui os fatores estruturais e culturais externos à organização que podem afetar a iniciativa em estudo, de forma positiva ou negativa.

5.4.1.5. HISTORICAL DATA

Tal como descrito no *input* **5.3.1.5.**, a informação histórica sobre a empresa (como informações sobre projetos anteriores em termos de custos e benefícios, dados sobre clientes e vendas, etc.) poderá ser útil para fazer prever futuras tendências que possam condicionar a iniciativa em estudo ou ajudar na quantificação de benefícios e custos.

5.4.1.6. MARKET REPORTS

Tal como descrito no *input* **5.3.1.6.**, os relatórios sobre o mercado trazem informação relevante sobre a caracterização do mercado, o seu comportamento e as suas tendências, contextualizando a iniciativa no setor/indústria a que pertence. Estes relatórios são um bom *input* para detetar oportunidades ou ameaças.

5.4.2. ESTIMAÇÃO DOS CUSTOS: FERRAMENTAS E TÉCNICAS

5.4.2.1. PRODUCT BREAKDOWN STRUCTURE

A ***Product Breakdown Structure***[3] representa a estrutura hierárquica do produto / serviço a ser entregue, dividida pelos seus principais componentes (Dupé, Briand, & Fischer, 2009), particularmente útil no campo das engenharias. Este é o primeiro passo para mais facilmente detalharmos os custos dos componentes da solução.

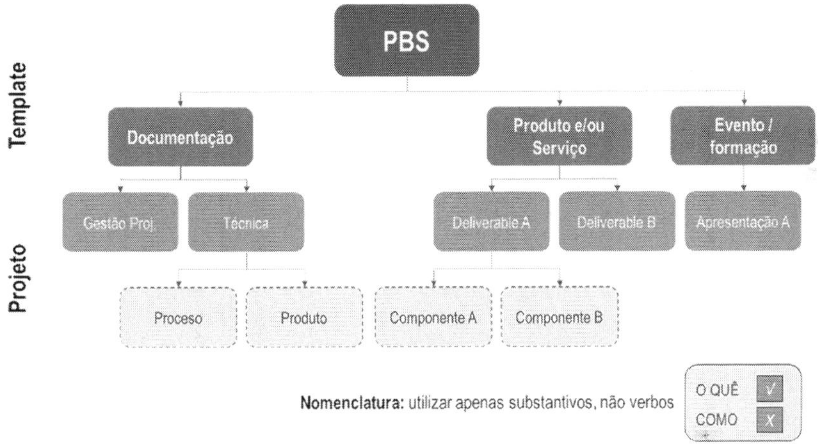

Figura 48. *Product Breakdown Structure*

5.4.2.2. PARAMETRIC ANALYSIS

O modelo paramétrico (***Parametric Model***) é um método especialmente preciso e confiável que consiste na utilização de dados históricos e parâmetros de projetos anteriores do mesmo tipo através de um modelo matemático com estatística e capacidades de análise de qualquer relação de causa-efeito existente entre as variáveis, sendo um valioso contributo para a análise da atual iniciativa.

[3] A PBS (*Product Breakdown Structure*) é uma ferramenta muito utilizada no âmbito da gestão de projetos. À semelhança da WBS (*Work Breakdown Structure*) onde é representado hierarquicamente o *Work* (esforço) necessário para cada *deliverable*, a PBS representa a estrutura hierárquica dos elementos físicos, conceptuais ou funcionais (componentes) que compõe um produto.

5.4.2.3. ANALOGOUS ESTIMATION

Caso a organização não tenha informação suficientemente detalhada sobre projetos semelhantes realizados no passado, a técnica de apuramento dos custos por via da **analogia** é outra alternativa, baseando-se em informações históricas de projetos anteriores semelhantes, em que as semelhanças são determinadas pela comparação de atributos e características-chave dos projetos (Auer, Trendowicz, Graser, Haunschmid, & Biffl, 2006). No entanto, esta não é tão precisa quanto a técnica anterior e não permite a análise de diferentes cenários.

5.4.2.4. BOTTOM-UP ESTIMATION

Se não existir registos de projetos anteriores semelhantes ou caso este seja um novo tipo de projeto em carteira, é possível recorrer à técnica de ***Bottom-up*** para recolher todos os custos associados às "tarefas" a serem realizadas para concretizar cada *deliverable*, embora seja uma técnica que exija mais tempo (esforço).

5.4.2.5. COST BREAKDOWN STRUCTURE

Depois de identificar os principais resultados e suas funções necessárias para a implementação do projeto, a estrutura de ***Cost Breakdown Structure*** é uma técnica de carácter prático para apresentar os valores estimados.

5.4.2.6. EXPERT JUDGEMENT

Em último recurso, é possível recorrer à técnica *de* ***Expert Judgement*** (ver técnica **5.1.2.6.**) recorrendo a uma opinião especializada, pedindo a profissionais especializados neste tipo de projeto quanto eles estimam ser os custos das diversas componentes do projeto. Porém, é de realçar que é uma técnica baseada numa abordagem empírica, com falta de precisão e não sendo possível atribuir um nível de confiança.

5.4.2.7. RISK REGISTER

Em relação à ferramenta ***Risk Register***, esta é normalmente utilizada para a avaliação de riscos e a sua organização durante as tarefas de gestão de projetos. Este modelo consiste num repositório onde os principais riscos identificados são classificados de acordo com a sua probabilidade de ocorrência, a descrição do impacto caso este venha a ocorrer, o *score* de risco (probabilidade x impacto) e um sumário com o plano das ações de mitigação e um plano de resposta caso o risco ocorra. Esta ferramenta é útil para gerar consciencialização sobre os potenciais riscos e estimular o debate interfuncional e de cooperação, no entanto poderá conduzir a um ritual de controlo ilusório.

5.4.2.8. SENSITIVE ANALYSIS

Se num *Business Case* estimamos resultados futuros, então, estes envolvem incerteza. Por esse motivo, é recomendável fazer uma **análise de sensibilidade** tanto para os benefícios como para os custos de estimação, a fim de examinar a sensibilidade (comportamento) dos resultados (valor previsto) aquando da mudança de pressupostos e ainda medir a incerteza. Ao ter uma definição clara dos pressupostos, será possível que o *Business Case Expert* proponha o melhor cenário onde os resultados são maximizados.

5.4.2.9. THREE-POINT ESTIMATE

Tal como descrito na técnica **5.3.2.10.**, a metodologia BCBOK recomenda considerar diferentes cenários durante o processo de estimação, nomeadamente, o mais otimista, o mais provável e o mais pessimista, com base na técnica ***Three-point Estimate***. A decisão final deve ser sempre com base no cenário conservador, a fim de criar mais consciencialização e evitar discrepâncias inesperados, tais como um retorno de investimento negativo.

$$c.total = c.unit * \prod_{j=1}^{k}(1 + df_j)^{mj} * DIM^{fe+\sum_{i=1}^{n} sf_{i\text{-}ni}}$$

Risk	Investment	Confidence	
0,1%	498.513 €	100,0%	
5,0%	457.371 €	95,0%	Reference Max
10,0%	448.289 €	90,0%	
15,0%	442.161 €	85,0%	
20,0%	437.291 €	80,0%	Reference Min
25,0%	433.112 €	75,0%	
30,0%	429.360 €	70,0%	
35,0%	425.883 €	65,0%	
40,0%	422.584 €	60,0%	
45,0%	419.392 €	55,0%	
50,0%	416.250 €	50,0%	
55,0%	413.108 €	45,0%	
60,0%	409.916 €	40,0%	
65,0%	406.617 €	35,0%	
70,0%	403.140 €	30,0%	
75,0%	399.388 €	25,0%	
80,0%	395.209 €	20,0%	
85,0%	390.339 €	15,0%	
90,0%	384.211 €	10,0%	
95,0%	375.129 €	5,0%	
99,9%	338.994 €	0,1%	

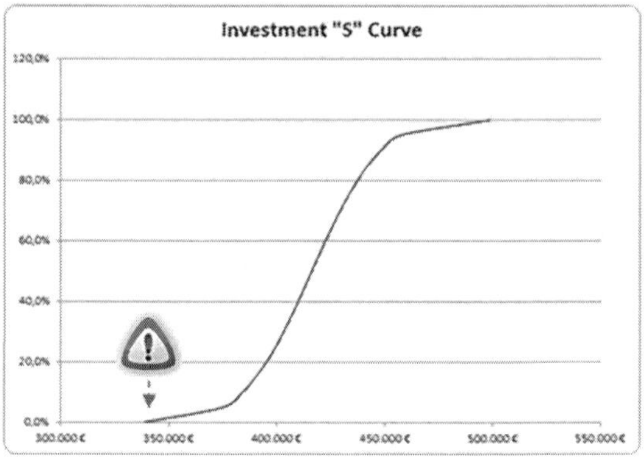

Figura 49. Estimação dos Custos e Análise de Sensibilidade (Pereira, 2014)

5.4.3. ESTIMAÇÃO DOS CUSTOS: SAÍDAS

5.4.3.1. COST ESTIMATION

Cost Estimation (Estimação dos Custos) é o valor numérico, resultante do processo de Estimação dos Custos, que indica o valor do investimento na iniciativa, incluindo o custo do investimento antes do período de exploração e os novos custos operacionais (OPEX).

5.4.3.2. SENSITIVE DATA

Após recolher a Estimativa dos Custos (**5.4.3.1.**) e realizar a respetiva análise de sensibilidade (**5.4.2.8.** ***Sensitive Analysis***) obter-se-á o valor de custos (€) a considerar para posterior análise económico-financeira. De acordo com a metodologia desenvolvida pelo ROI Institute, deverá trabalhar-se o com o cenário mais conservador, pelo que é recomendado utilizar o valor respetivo aos 95% de confiança (grau de risco mais reduzido).

5.5. AVALIAÇÃO ECONÓMICA

O processo de avaliação económica tem como objetivo calcular se economicamente a iniciativa é interessante para a organização. O princípio subjacente que se deve garantir é que no pior cenário a iniciativa deve dar lucro, sendo que se persegue o objetivo de um ROI (*Return on Investment*) **mínimo de 50%** em qualquer projeto. A decisão sobre o projeto avançar ou não deverá sempre ter em consideração uma confiança mínima de 80% a 95% nos *cash-flows* combinados de custo e de benefício.

1. Entradas	2. Técnicas & Ferramentas	3. Saídas
1. Benefits Estimation 2. Cost Estimation 3. Sensitive Data	1. Economic-Financial Analysis (NPV, BCR, ERR, ROI, PAYBACK) 2. Interest Rate 3. ROI Sensitive Analysis 4. Profit & Loss Planning	1. Economic-Financial Indicators 2. ROI Sensitive Data 3. Benefits & Cost Plan 4. Go/No-Go

5.5.1. AVALIAÇÃO ECONÓMICA: ENTRADAS

5.5.1.1. BENEFITS ESTIMATION

Tal como descrito no *output* **5.3.3.2.**, *Benefits Estimation* (Estimativa dos Benefícios) é o valor numérico, resultante do processo de Estimação de Benefícios, que indica quanto valor será gerado pela iniciativa em estudo.

5.5.1.2. COST ESTIMATION

Tal como descrito no *output* **5.4.3.1.**, *Cost Estimation* (Estimação dos Custos) é o valor numérico, resultante do processo de Estimação dos Custos, que indica o valor do investimento na iniciativa, incluindo o custo do investimento antes do período de exploração e os novos custos operacionais (OPEX).

5.5.1.3. SENSITIVE DATA

Tal como descrito nas Saídas **5.3.3.3.** e **5.4.3.2.**, após recolher a Estimativa dos benefícios e custos e realizar a respetiva análise de sensibilidade

(**5.3.2.9.** e **5.4.2.8.**) obter-se-á o valor de benefícios e custos (€) a considerar para a análise económico-financeira. De acordo com a metodologia desenvolvida pelo ROI Institute, deverá trabalhar-se com o cenário mais conservador, pelo que se recomenda utilizar o valor respetivo aos 95% de confiança (grau de risco mais reduzido).

5.5.2. AVALIAÇÃO ECONÓMICA: FERRAMENTAS E TÉCNICAS

5.5.2.1. ECONOMIC-FINANCIAL ANALYSIS

A principal medida de desempenho utilizada na avaliação económica de uma iniciativa é o Retorno do Investimento (ROI), que expressa a proporção de riqueza gerada pela iniciativa, quantificando a evidência de valor acrescentado. De acordo com a Metodologia ROI, o objetivo é obter um ROI positivo. Por esta razão, dentro de uma carteira de iniciativas estas deverão ser priorizadas com base no seu retorno. Quando o ROI estimado é superior a 50%, a metodologia recomenda que o projeto deve avançar. Além deste indicador de elevada ordem de relevância, existem outras métricas que também devem ser consideradas, tais como:

- O ***Payback*** é o período de tempo necessário para pagar o investimento;
- A **Taxa Externa de Rentabilidade** é a taxa de rentabilidade do projeto, sem assumir que os rendimentos recebidos ganham juros a taxas irrealisticamente altas;
- O **VAL** é o acrónimo de Valor Atualizado Líquido, que representa a soma dos valores de *cash flows* futuros atualizados à data presente.

5.5.2.2. INTEREST RATE

Além dos benefícios e custos previamente calculados existe outra variável que irá impactar os resultados finais de desempenho: a **taxa de interesse (*interest rate*)**. Essa taxa será utilizada para atualizar os *cash flows* futuros para o ano em curso. Esta é composta pelo custo de oportunidade de capital do investidor e pela taxa de inflação anual.

5.5.2.3. ROI SENSITIVE ANALYSIS

Para calcular o ROI da iniciativa recorre-se à análise de sensibilidade, de modo a obter um resultado probabilístico, isto é, o *output* sob um intervalo de valores associado a um intervalo de confiança.

Um dos sistemas mais populares de carácter confiável é a **Simulação de Monte Carlo**, que através de um *software* de simulação, completa um processo de mudança de todos os pressupostos registando o valor de saída milhares de vezes, até que emerge um quadro mostrando toda a gama de resultados possíveis e respetivas probabilidades junto com a contribuição/ /peso de cada um pressuposto para esse mesmo resultado de saída.

A análise de sensibilidade e de risco proporcionada por estes sistemas é extremamente útil no fornecimento de informações para a gestão de forma a maximizar os resultados, reduzir custos e minimizar a incerteza no *Business Case* ajudando a recomendar a melhor ação.

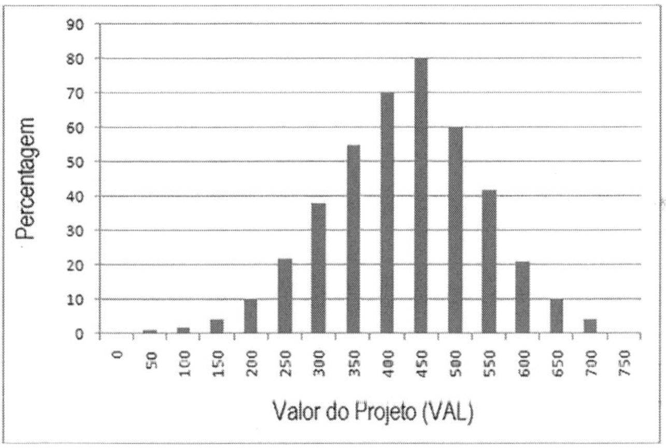

Figura 50. Exemplo da Simulação de Monte Carlo

5.5.2.4. PROFIT & LOSS PLANNING

Em relação ao ***Profit & Loss Planning***, este apresenta o resumo das receitas e despesas de um negócio que determinam o lucro obtido num determinado período de tempo, sendo por isso uma boa ferramenta para a identificação de itens com elevados custos ou com gastos que não contribuirão para a criação de lucro.

5.5.3. AVALIAÇÃO ECONÓMICA: SAÍDAS

5.5.3.1. ECONOMIC-FINANCIAL INDICATORS

Após a aplicação da técnica **5.5.2.1.** *Economic-Financial Analysis*, obtém-se os valores respetivos de cada indicador.

5.5.3.2. ROI SENSITIVE DATA

Após recolher a Estimativa do ROI e respetiva análise de sensibilidade (**5.5.2.3.**) obter-se-á uma estimativa do valor do Retorno do Investimento (€). De acordo com a metodologia desenvolvida pelo ROI Institute, deverá tomar-se uma decisão com base no cenário mais conservador, pelo que é recomendado utilizar o valor respetivo aos 95% de confiança (grau de risco mais reduzido).

5.5.3.3. BENEFITS & COST PLAN

O *Benefits & Cost Plan* (Plano de Benefícios e Custo) é o *output* da Avaliação Económica que detalha quantitativamente quais os benefícios e custos da iniciativa, como estes serão alcançados e investidos, respetivamente, ao longo da implementação e exploração do projeto, e quais as métricas para a sua medição. Este plano será, posteriormente, utilizado para fazer o *tracking* do projeto.

5.5.3.4. GO/NO-GO

Após recolhermos os dados económico-financeiros e respetiva análise, é decidido se o *Business Case* avança para o passo seguinte (Preparação do Contexto). Caso se conclua que a iniciativa não cria valor para a organização, esta deve seguir o "*No-Go*", ou seja, não deve avançar.

5.6. PREPARAÇÃO DO CONTEXTO

O processo de *Context Readiness* tem como objetivo avaliar se a empresa e o mercado estão preparados para o projeto. O objetivo desta análise é capturar o clima interno e externo, bem como os adeptos e os opositores à iniciativa antes de tomar uma decisão final. Muitas organizações avaliam projetos que economicamente são de alto valor, mas, verificam que não estão preparados para os acolher, pois a cultura, a maturidade ou os interesses instalados não constituem um *habitat* propício.

Após a análise de métricas financeiras, é importante ter uma visão e perceção geral do mercado bem como da preparação organizacional para abraçar um novo projeto. Conforme especificado no capítulo 5.1 (Pedido de projeto) com base na técnica POLDAT, deve haver uma avaliação sobre o estado de maturidade dos *stakeholders* que irão sofrer um impacto.

1. Entradas	2. Técnicas & Ferramentas	3. Saídas
1. Project Request Form 2. Enterprise Architecture 3. Strategic Alignment 4. ROI Sensitive Data 5. Enterprise Environment Factors	1. Stakeholder Matrix 2. Force Field Analysis 3. Expert Judgement 4. Climate Analysis	1. Context Analysis 2. Stakeholders Analysis

5.6.1. PREPARAÇÃO DO CONTEXTO: ENTRADAS

5.6.1.1. PROJECT REQUEST FORM

O *Project Request Form* resulta do processo de Formulação do Pedido, descrito no *output* **5.1.3.1.** Por forma a proceder à Preparação do Contexto, é importante considerar este documento onde estão formalizados, entre outras, a situação futura que se pretende alcançar, os impactos da não execução da iniciativa, as dependências externas, as causas do problema atual e o impacto da solução na arquitetura da empresa.

5.6.1.2. ENTERPRISE ARCHITECTURE

A *Enterprise Architecture* (Arquitetura da Empresa) é um modelo conceptual que define a estrutura e operação de uma organização. Descreve as suas unidades de negócio, as interações entre as mesmas, os clientes, os fornecedores e as suas responsabilidades para com a organização.

5.6.1.3. STRATEGIC ALIGNMENT

Tal como descrito no *output* **5.2.3.1.**, o alinhamento estratégico da iniciativa é uma informação relevante que nos indica como é que a iniciativa em estudo está alinhada com os objetivos da organização. Este *input* surge do processo de Alinhamento Estratégico, no qual os benefícios da iniciativa são confrontados com os objetivos estratégicos da organização.

5.6.1.4. ROI SENSITIVE DATA

Tal como descrito no *output* **5.5.3.2.**, o *ROI Sensitive Data* é o valor estimado do Retorno do Investimento (€), que assume vários valores consoante o grau de confiança que se pretende utilizar. Segundo a metodologia desenvolvida pelo ROI Institute, recomenda-se a utilização do valor respetivo aos 95% de confiança.

5.6.1.5. ENTERPRISE ENVIRONMENTAL FACTORS

Tal como descrito no *input* **5.3.1.3.**, *Enterprise Environmental Factors* refere-se às condições internas ou externas que estão fora de controlo da iniciativa em estudo que podem influenciar direta ou indiretamente o desenvolvimento do mesmo. Estes fatores são considerados Entradas em vários processos, uma vez que podem impactar positivamente o projeto ou ser um obstáculo ao seu sucesso.

5.6.2. PREPARAÇÃO DO CONTEXTO: FERRAMENTAS E TÉCNICAS

5.6.2.1. STAKEHOLDER MATRIX

A ***Stakeholder Matrix*** (Matriz de *Stakeholders*) é uma ferramenta que permite classificar cada perfil em termos de poder de decisão e o impacto que a iniciativa tem no mesmo, a fim de preparar um plano de comunicação para uma transição e implementação do projeto de forma natural. Polonsky (1996) menciona no seu artigo a importância de classificar os stakeholders como forma de lhes endereçar estratégias específicas que contribuam para o envolvimento do mesmo na iniciativa em questão.

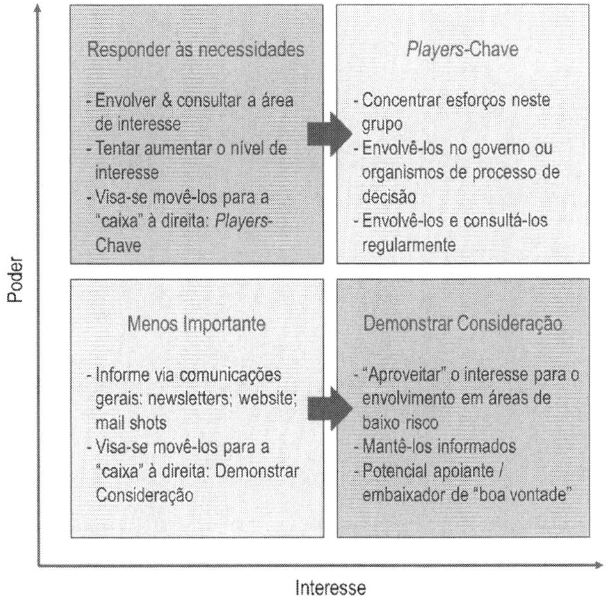

Figura 51. Exemplo Matriz de ***Stakeholders***

Além do poder de decisão e de impacto, há um terceiro elemento que deve ser considerado: o comportamento dos *stakeholders*.

Há quatro tipos de comportamentos dos *stakeholders* que podem ser identificados (Pereira, 2014):

1. Zaragateiros: entidades que, independentemente do seu impacto ou poder, vão proactivamente falar mal do projeto;
2. Positivos: entidades que têm um comportamento proactivo positivo, ou seja, vão eles próprios agir proactivamente para que o projeto aconteça;
3. Neutros; entidades que não interferem na apreciação ou execução do projeto;
4. Facilitadores: entidades que não vão colocar entraves ao projeto.

Em termos de áreas de *stakeholders* é necessário identificar as áreas que vão passar pelo desenvolvimento do projeto e as áreas que vão ser impactadas na fase de exploração.

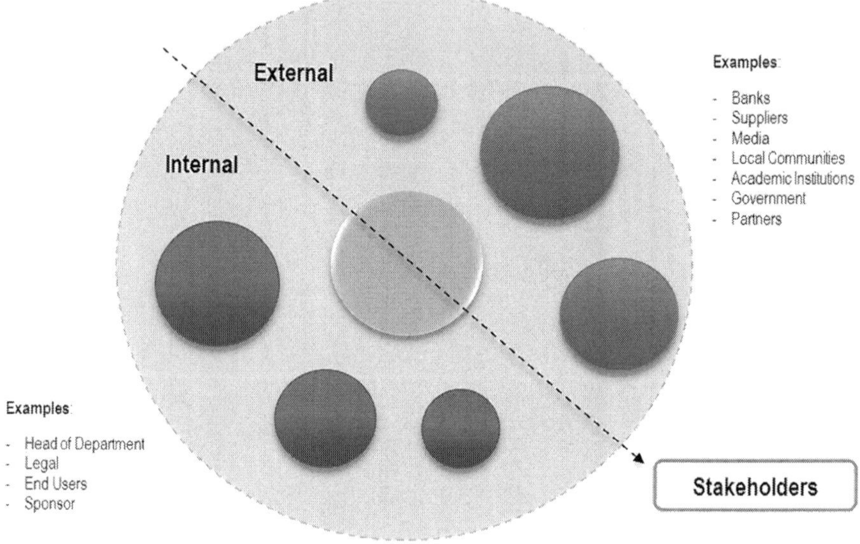

Figura 52. Ilustração da Análise de Contexto (Pereira, 2014)

5.6.2.2. FORCE FIELD ANALYSIS

A ***Force Field Analysis*** é uma técnica, criada por Kurt Lewin, nos anos 40, atualmente utilizada na gestão, para ajudar no processo da tomada de decisão. Embora sem carácter científico, a técnica é utilizada para classificar os tipos de comportamento, consistindo em capturar as forças positivas e negativas, ao abordar e sondar cada área de *stakeholders* e registar a sua opinião.

Após listar os comportamentos a favor e contra a iniciativa, pontuam-se com base na sua influência. Esta análise permite que sejam determinadas estratégias para gerir as forças negativas e impulsionar as forças positivas.

É importante considerar que, quanto maior o falhanço de um projeto, os *stakeholders* que mais preocupam são os que têm muito poder e muito impacto.

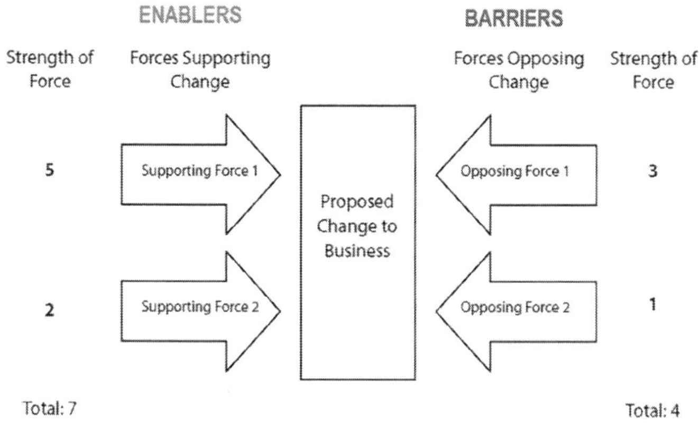

Figura 53. *Force Field Analysis*

5.6.2.3. EXPERT JUDGEMENT

A técnica de ***Expert Judgment*** (ver técnica **5.1.2.6.**) pode também ser utilizada para recolher informação sobre o contexto, solicitando informação e opiniões a indivíduos com particular *expertise* na matéria em análise.

5.6.2.4. CLIMATE ANALYSIS

A técnica de *Climate Analysis* é o processo de avaliação da cultura organizacional. O objetivo é compreender o conjunto de fatores, inerentes ao ambiente de trabalho da organização, que possam ser um obstáculo à iniciativa. Estes fatores culturais influenciam as ações dos colaboradores nas organizações e impactam na sua performance. Fazer o levantamento da cultura organizacional (por exemplo, através de um questionário) permite identificar oposições à iniciativa e aspetos que promovam a sua implementação. Assim, é possível trabalhar na mitigação desses obstáculos e promover os aspetos que são favoráveis.

5.6.3. PREPARAÇÃO DO CONTEXTO: SAÍDAS

5.6.3.1. CONTEXT ANALYSIS

Deste processo resulta a Análise do Contexto em que a empresa opera. O objetivo é compreender se o contexto interno e externo à empresa está preparado para acolher a iniciativa, do qual resulta este *output*.

5.6.3.2. STAKEHOLDERS ANALYSIS

Resultante do processo de Preparação de Contexto, surge a *Stakeholder Analysis* (Análise de *Stakeholders*). Nesta análise foram identificados todos os indivíduos ou grupos com influência ou influenciados pela iniciativa. Inclui também uma avaliação consoante o poder de decisão, o impacto e o comportamento esperado de cada *stakeholder*, juntamente com a definição de um plano de atuação. O objetivo é compreender qual a recetividade dos *stakeholders* e onde é esperado encontrar dificuldades e facilidades.

É frequente as organizações apresentarem um *Business Case* economicamente viável e muito interessante, no entanto a cultura, a maturidade ou os interesses da organização não se encontram alinhados colocando em causa o sucesso do projeto e da recolha dos benefícios inicialmente estimados.

5.7. DECISÃO FINAL

O processo de ***Decision Making*** (Decisão Final) tem como objetivo compilar toda a informação recolhida e ajudar a gestão de topo a tomar a decisão. Existem quatro elementos mandatórios a considerar na matriz de decisão: o **alinhamento estratégico**, os **benefícios**, o **investimento** e a o **clima contextual** interno e externo em relação ao projeto. Tanto os benefícios como o investimento deverão considerar a incerteza e por isso a decisão deve ser tomada dentro de um enquadramento conservador.

1. Entradas	2. Técnicas & Ferramentas	3. Saídas
1. Project Request Form 2. Enterprise Architecture 3. Strategic Alignment 4. Benefits Estimation 5. Cost Estimation 6. ROI Sensitive Data 7. Context Analysis 8. Enterprise Environment Factors	1. SWOT Analysis 2. Business Case Canvas 3. Nominal Group 4. Multi-Criteria Scenarios 5. Expert Judgement 6. Delphi Technique	1. Business Case Report 2. Go/No-Go

5.7.1. DECISÃO FINAL: ENTRADAS

5.7.1.1. PROJECT REQUEST FORM

O *Project Request Form* resulta do processo de Formulação do Pedido, descrito no *output* **5.1.3.1.** Por forma a proceder à Decisão Final, é importante considerar o documento com a formulação do pedido.

5.7.1.2. ENTERPRISE ARCHITECTURE

Tal como descrito no *input* **5.6.1.2.**, a *Enterprise Architecture* (Arquitetura da Empresa) é um modelo conceptual que define a estrutura e operação de uma organização. Descreve as suas unidades de negócio, as interações entre as mesmas, os clientes, os fornecedores e as suas responsabilidades para com a organização.

5.7.1.3. STRATEGIC ALIGNMENT

Tal como descrito no *output* **5.2.3.1.**, o alinhamento estratégico da iniciativa é uma informação relevante que nos indica como é que a iniciativa em estudo está alinhada com os objetivos da organização. Este *input* surge do processo de Alinhamento Estratégico, no qual os benefícios da iniciativa são confrontados com os objetivos estratégicos da organização.

5.7.1.4. BENEFITS ESTIMATION

Tal como descrito no *output* **5.3.3.2.**, *Benefits Estimation* (Estimativa dos Benefícios) é o valor numérico, resultante do processo de Estimação de Benefícios, que indica quanto valor será gerado pela iniciativa em estudo. Este *input* é necessário para que a decisão final esteja consciente do valor que se perspetiva gerar.

5.7.1.5. COST ESTIMATION

Tal como descrito no *output* **5.4.3.1.**, *Cost Estimation* (Estimação dos Custos) é o valor numérico, resultante do processo de Estimação dos Custos, que indica o valor do investimento na iniciativa, incluindo o custo do investimento antes do período de exploração e os novos custos operacionais (OPEX). Este *input* é necessário para que a decisão final esteja consciente do valor que se perspetiva investir.

5.7.1.6. ROI SENSITIVE DATA

Tal como descrito no *output* **5.5.3.2.**, o ROI Sensitive Data é o valor estimado do Retorno do Investimento (€), que assume vários valores consoante o grau de confiança que se pretende utilizar. Segundo a metodologia desenvolvida pelo ROI Institute, recomenda-se a utilização do valor respetivo aos 95% de confiança. Este *input* é importante para a decisão final, na medida em que o ROI é um dos principais indicadores da avaliação económico-financeira.

5.7.1.7. CONTEXT ANALYSIS

Tal como descrito no *output* **5.6.3.1.**, a Análise do Contexto é o resultado da avaliação do contexto em que a empresa está inserida, ou seja, se o contexto interno e externo à mesma está preparado para acolher a iniciativa.

5.7.1.8. ENTERPRISE ENVIRONMENTAL FACTORS

Tal como descrito no *input* **5.3.1.3.**, *Enterprise Environmental Factors* refere-se às condições internas ou externas que estão fora de controlo da iniciativa em estudo que podem influenciar direta ou indiretamente o desenvolvimento do mesmo. Estes fatores são consideradas *Entradas* em vários processos, uma vez que podem impactar positivamente o projeto ou ser um obstáculo ao seu sucesso.

5.7.2. DECISÃO FINAL: FERRAMENTAS E TÉCNICAS

A fim de auxiliar a gestão de topo para tomar uma decisão (Go ou No-Go) todas as informações sobre as etapas anteriores devem ser recolhidas analisadas e apresentadas num formato de matriz de decisão.

Esta matriz pode ser representada por um dos seguintes instrumentos: a matriz SWOT ou o *Business Case Canvas*.

5.7.2.1. SWOT ANALYSIS

A análise **SWOT** é uma técnica extremamente útil para apresentar as informações necessárias para a tomada de decisão final: deve indicar o alinhamento estratégico, os benefícios, os custos de investimento e do ambiente organizacional. Em relação aos resultados financeiros, estes devem ser apresentados sob o cenário mais conservador (80%-95% de intervalo de confiança).

5.7.2.2. BUSINESS CASE CANVAS

O ***Business Case Canvas*** é outra ferramenta alternativa, apresentando os resultados do *Business Case* de forma lógica e estruturada. Além dos dados citados na análise SWOT, o *Business Case* Canvas também inclui os principais *stakeholders* envolvidos e a descrição dos potenciais riscos (qualitativamente).

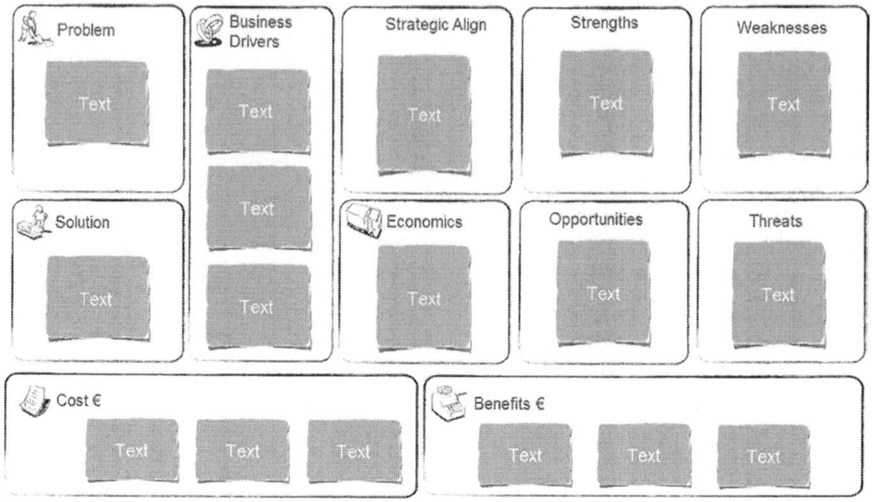

Figura 54. *Business Case Canvas*

5.7.2.3. NOMINAL GROUP

Além das técnicas de recolha anteriores listadas nas etapas anteriores, a técnica ***Nominal Group*** (ver técnica **5.2.2.6.**) tem um formato mais estruturado e visa obter Entradas de várias pessoas sobre um determinado problema ou questão. Este processo evita o controlo de uma discussão por uma só pessoa, incentivando todos os elementos do grupo a participar, resultando num conjunto de soluções e recomendações priorizadas.

5.7.2.4. MULTI-CRITERIA SCENARIOS

Em relação à técnica ***Multi-criteria scenarios*** (cenários multi-critérios), esta realça a importância de identificar vários cenários possíveis com base num conjunto de critérios de avaliação adequados. Por vezes, surgem problemas mais complexos, que envolvem diversas questões e parâmetros e que por isso requerem uma abordagem mais flexível em termos dos critérios de avaliação (uma combinação de critérios) utilizados desde que exista um processo de decisão bem delineado e um plano do problema a ser seguido.

5.7.2.5. EXPERT JUDGEMENT

Tal como descrito no técnica **5.1.2.6.**, a técnica de ***Expert Judgment*** serve para solicitar informação e opiniões a indivíduos com particular *expertise* na matéria em análise, contribuindo para a tomada de decisão.

5.7.2.6. DELPHI TECHNIQUE

Tal como descrito no técnica **5.2.2.7.**, a *Delphi Technique* é uma metodologia que combina a opinião de vários experts, para chegar a uma conclusão, sem que estes sejam socialmente influenciados nas suas respostas. O objetivo é obter uma informação consensual e credível através de um painel de *experts* (Dalkey & Helmer, 1962).

5.7.3. DECISÃO FINAL: SAÍDAS

5.7.3.1. BUSINESS CASE REPORT

Após a decisão final, deverá ser garantido que o relatório de *Business Case* é compilado com todos os estudos e conclusões efetuadas tanto para consulta na fase de medição dos benefícios como para registo histórico.

O *Business Case* Report deverá incluir os seguintes passos do *Business Case*:

1. Formulação do Pedido;
2. Alinhamento Estratégico;
3. Estimação dos Benefícios;
4. Estimação dos Custos;
5. Avaliação Económico-Financeira;
6. Preparação do Contexto;
7. Decisão Final.

5.7.3.2. GO/NO-GO

O resultado do processo de Decisão Final é o avanço ou não avanço da iniciativa, após a ponderação do estudo feito nos passos anteriores, nomeadamente da análise económico-financeira e da análise do contexto.

Seguindo os sete passos descritos, baseados em dados e fontes de confiança, juntamente com modelos financeiros que permitem a análise de sensibilidade e interação de cenários, o conselho de administração (*decision-makers*) pode tomar uma decisão com maior confiança com base em evidências concretas sobre a viabilidade do investimento.

5.8. MEDIÇÃO DOS BENEFÍCIOS

A fase de ***Benefits Tracking*** (Medição de benefícios) é tão importante quanto as anteriores. No entanto, esta etapa é muitas vezes subestimada e ignorada nas organizações.

O processo de *Benefits Tracking* tem como objetivo medir o *Business Case* após entrada em exploração do produto, do serviço ou do processo. Esta etapa é de elevado valor uma vez que permite à organização, não só medir a qualidade do processo de tomada de decisão de investimentos, como também identificar novas oportunidades de investimento para acrescentar continuamente valor à organização.

1. Entradas	2. Técnicas & Ferramentas	3. Saídas
1. Benefits Plan 2. Business Case Report	1. Corporate Reports 2. Trend Analysis 3. Balanced Scorecard 4. Control Group	1. Benefits Tracking Report 2. New Opportunities

5.8.1. MEDIÇÃO DOS BENEFÍCIOS: ENTRADAS

5.8.1.1. BENEFITS PLAN

Tal como descrito no *output* **5.3.3.1.**, o *Benefits Plan* é o plano que indica quantitativamente os principais benefícios da iniciativa, as métricas necessárias à sua medição, as técnicas de recolha e a fonte da informação. Para além de indicar **como** irá ser feita a medição dos benefícios, indica também **quando** deve ocorrer essa medição. Esta entrada é necessária para que os benefícios sejam medidos ao longo da implementação e exploração do projeto consoante o planeamento estabelecido inicialmente.

5.8.1.2. BUSINESS CASE REPORT

Tal como descrito no *output* **5.7.3.1.**, o *Business Case Report* é a compilação dos vários passos e avaliações do *Business Case* sendo determinante para a fase de medição de benefícios ao longo do período de exploração do projeto.

5.8.2. MEDIÇÃO DOS BENEFÍCIOS: FERRAMENTAS E TÉCNICAS

5.8.2.1. CORPORATE REPORTS

Os ***corporate reports*** (relatórios corporativos) são uma boa fonte de informação, a fim de acompanhar os benefícios recolhidos ao longo do tempo contribuindo para a análise de tendência e identificação de resultados relevantes para efeitos de gestão.

5.8.2.2. TREND ANALYSIS

A técnica de ***Trend Analysis*** (análise de tendências) é uma ferramenta útil ao permitir avaliar o comportamento de uma ou mais variáveis ao longo do tempo, podendo fornecer alertas e dar evidências da contribuição do projeto e da mitigação do problema. Esta técnica é especialmente útil quando o projeto contribui diretamente para o aumento de negócios (como aumento de receita via: período de fidelização de novos clientes, aumento de vendas através de *cross-selling* e *up-selling*; aumento do número de clientes).

Trata-se de um procedimento estatístico para avaliar a relação entre duas variáveis quantitativas, usualmente com dados recolhidos ao longo do tempo, em que se pretende avaliar o efeito da variável independente na variável dependente (Lavrakas P. J., 2008).

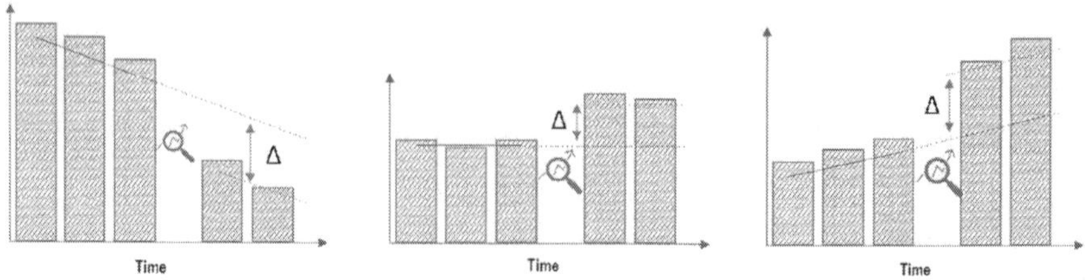

Figura 55. Exemplos de *Trend Analysis* (Análise de Tendência) (Pereira, 2014)

5.8.2.3. BALANCED SCORECARD

O **Balanced Scorecard,** desenvolvido no início 1990 por Robert Kaplan da Harvard Business School e por David Norton, fundador de uma consultora de TI, é uma ferramenta de gestão de desempenho com o objetivo de auxiliar os gestores a controlar as atividades da sua equipa e empresa, com base na definição de vários KPI's quer financeiros, quer não-financeiros (indicadores chave de desempenho) alinhados com os objetivos estratégicos da empresa. De acordo com o economista Peter Drucker não é possível controlar ou gerir sem medir resultados. Sendo assim, a técnica de *Balanced Scorecard* permite medir para impulsionar a performance: "What you measure is what you get" (Kaplan & Norton, 1992).

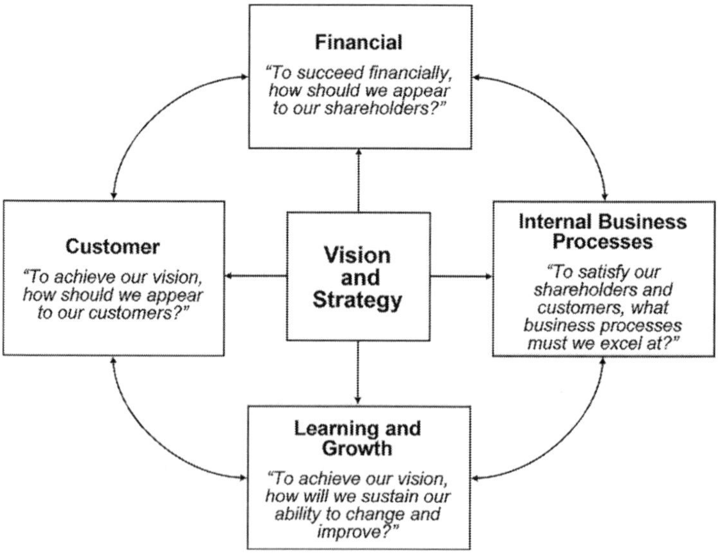

Figura 56. Quatro dimensões do *Balanced Scorecard*

5.8.2.4. CONTROL GROUP

Tal como descrito na técnica **5.3.2.6.**, a técnica de grupos de controlo é a realização de um estudo em dois grupos, em que um dos grupos é alvo de experimentação e outro não, de modo a avaliar as diferenças que a variável provocou. Neste caso, aplicado à medição dos resultados do projeto, o objetivo é verificar as diferenças entre a situação antes do projeto e a situação pós-projeto, avaliando o ganho/benefício provocado pelo mesmo e assegurando que a causa dos indicadores obtidos advém do projeto implementado.

5.8.3. MEDIÇÃO DOS BENEFÍCIOS: SAÍDAS

5.8.3.1. BENEFITS TRACKING REPORT

O Benefits Tracking Report, isto é, o Relatório da Monitorização dos Benefícios é o relatório da medição dos benefícios ao longo do período de exploração do projeto onde constam as métricas previamente estabelecidas e os resultados respetivos para análise.

5.8.3.2. NEW OPPORTUNITIES

No decorrer da exploração do projeto, este processo de medição de benefícios permite que se identifiquem novas oportunidades para futuras iniciativas/projetos, ou mesmo fatores que exijam a alteração do projeto a decorrer.

Além da adoção de um *mindset* de melhoria contínua, as melhores práticas recomendam a discussão e o registo dos conhecimentos adquiridos ao longo do processo (*lessons learned*) por forma a tê-los como referência e *input* em projetos futuros. Ter os *stakeholders* envolvidos numa comunicação aberta e objetiva é essencial aliado à disciplina em compilar e documentar as informações sobre os sucessos, fracassos e recomendações para melhorar o desempenho de projetos ou fases de projeto futuros.

6.

Medição de Benefícios: Considerações Adicionais

O trabalho do perito em *Business Case* não termina na decisão final sobre o avanço da iniciativa. É necessário acompanhar a exploração do projeto para validar se os benefícios estimados se verificam.

Esta é uma etapa fundamental para a organização, não só como forma de comprovar o rigor da equipa de *Business Case* e da sua avaliação inicial, mas também como ferramenta para identificar desvios ao planeado e as causas desses desvios. Este *feedback* será uma fonte de informação fundamental para futuros projetos (lições aprendidas), de modo a melhorar a metodologia e/ou as técnicas utilizadas na construção do Relatório de *Business Case*.

Constitui, inclusivamente, uma fase relevante para a identificação de novas oportunidades ou necessidade de alterações ao projeto, caso a realidade/contexto assim o exijam.

A medição dos benefícios dependerá do tipo de benefício – aumento de negócio, aumento de eficiência ou redução de custos – uma vez que estes se manifestam de forma diferente ao longo do tempo. Segue-se uma recomendação para a medição de cada tipo de benefício, sendo de salvaguardar que cada projeto poderá ter divergências e necessidade de adaptação consoante o momento em que o benefício se manifesta por completo.

Aumento de Eficiência

Tipicamente, um benefício de aumento de eficiência tem efeito no médio/longo prazo, uma vez que após a entrada em exploração demora algum tempo a estabilizar o impacto na organização.

Uma vez que a maioria dos projetos envolve pessoas e requer o seu compromisso para o sucesso do mesmo, é importante ter em consideração a sua **curva de aprendizagem** e as suas **expectativas/perceções**. Regra geral, as pessoas passam de um estado de pessimistas-otimistas-realistas ou, inversamente, otimistas-pessimistas-realistas. No momento em que é comunicada a introdução do novo projeto e consequente mudança organizacional, a reação das pessoas pode assumir uma de duas formas: de recusa ou aceitação. Isto é, de pessimismo face ao contributo do projeto ou de otimismo face aos resultados que se antevêem. No entanto, é recorrente que com o decorrer do tempo o comportamento altere para o oposto, passando por um estado de deslumbramento ou desilusão, respetivamente. Só passados aproximadamente três meses é que o comportamento se converte ao estado de "realista", ou seja, a perceção das pessoas corresponde à realidade do projeto.

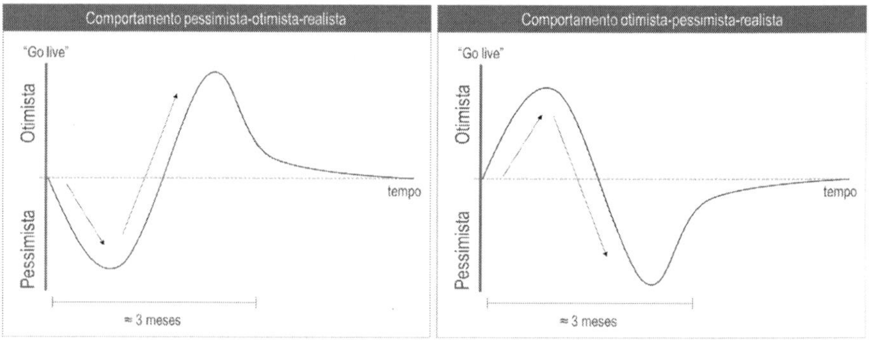

Sugere-se, assim, que a medição dos benefícios ocorra no mínimo após três meses. Poderá ser feita apenas uma medição, pois após estabilizarem não é expectável que os benefícios evoluam. Todavia, poderá ser feita uma nova medição, como forma de confirmar/rever a avaliação inicial.

Redução de Custo

No benefício de redução de custo é essencial, primeiramente, conhecer quais as rúbricas de custo que serão afetadas com a implementação do projeto e quando se espera que esse impacto aconteça.

Projetos que visem a redução de custos poderão traduzir-se numa **redução imediata** – por exemplo, alteração das instalações da organização para uma localização com renda mais baixa – ou numa **redução progressiva** – por exemplo, a renovação gradual da frota de automóveis para veículos mais eficientes. Desta forma, dependendo do momento em que se manifesta o benefício, terá que se adaptar o momento para medir os benefícios.

Esta avaliação, à semelhança do benefício de aumento de eficiência, pode ser feita uma ou duas vezes, sendo que a segunda avaliação assume-se como um *double-check* da primeira.

Aumento de Negócio

No caso dos projetos com benefícios de aumento de negócio, a avaliação deverá ser feita ao longo de todo o ciclo de vida de exploração do projeto. A frequência da medição irá depender do grau de volatilidade do benefício, bem como da sua criticidade para a organização, podendo ser anual, semestral, trimestral ou mensal.

Por exemplo, a criação de uma aplicação para *smartphones* para disponibilizar um novo serviço ao cliente poderá não ter um grau de adesão elevado no momento em que é lançada e ser progressivamente mais utilizada pelos consumidores até ser um êxito no mercado. Isto acontece porque nem todos os consumidores gostam de aderir a novas tendências e muitos são relutantes a experimentar algo inovador.

Por outro lado, caso se implemente um projeto para otimizar o processo de compra *online* no site atual da organização, esse benefício irá sentir-se de imediato, aumentando a taxa de conversão visitantes-compradores.

6.1. INDEPENDÊNCIA ESTATÍSTICA NA ANÁLISE DOS EFEITOS CRUZADOS

A **independência estatística** entre duas variáveis ou fenómenos significa que o comportamento de uma variável não permite inferir nenhuma conclusão sobre o comportamento da segunda variável, isto é, não existe correlação entre as variáveis. Por outro lado, quando os eventos são dependentes significa que existe correlação entre as variáveis, podendo traduzir-se numa correlação positiva ou negativa.

Por exemplo, ao darmos formação sobre negociação à nossa equipa de vendas, espera-se que esta aumente a sua eficácia na angariação de novos clientes. Neste caso, estamos a assumir que existe uma dependência estatística entre «formação à equipa de vendas» e «taxa de adesão de novos clientes».

A **correlação positiva** indica que as duas variáveis movem-se juntas. Ou seja, quando uma aumenta a outra aumenta também, como no exemplo: mais formação à equipa de vendas leva ao aumento da taxa de adesão de novos clientes. A **correlação negativa** indica que as duas variáveis movem-se em direções opostas. Ou seja, quando uma aumenta, a outra diminui. Um exemplo de uma correlação negativa é: o aumento do tempo de espera dos clientes provoca a diminuição do número de clientes satisfeitos.

Para saber se existe relação causa-efeito entre dois fenómenos e como é que estes se relacionam podemos utilizar a técnica de Grupo de Controlo, explicada em seguida.

6.2. GRUPO DE CONTROLO

Uma vez que os projetos são influenciados por diversas variáveis externas, torna-se difícil mensurar e analisar a relação causa-efeito de determinada ação. Ou seja, torna-se difícil medir o contributo do projeto para o alcance dos benefícios, uma vez que o projeto não é o único fator a influenciar os benefícios. Como tal, é necessário conhecer e medir efetivamente os efeitos gerados pelo projeto, sem a influência de outros fatores. Em suma, evitar a ocorrência da medição de benefícios sob a existência de efeitos cruzados.

Para poder medir os reais benefícios do projeto é necessário isolar a variável independente que se pretende estudar. Como determinar se foi o novo *layout* da loja que provocou o aumento das vendas ou se foi a campanha promocional que decorreu no mesmo período?

Entende-se por **variável independente** aquela que se pretende estudar e se supõe vir a produzir um determinado efeito observável na variável dependente. A **variável dependente** é aquela que será afetada pela variável independente. Por exemplo: alterar o *layout* da loja (variável independente) afeta o volume de vendas (variável dependente). O objetivo é comprovar se os efeitos provocados pela variável independente sobre a variável dependente são os inicialmente estimados/supostos. Neste caso, validar se a alteração do *layout* da loja **aumenta** o volume de vendas (**hipótese)**.

As **variáveis externas** são outras variáveis que podem influenciar o resultado obtido, mas que são difíceis de identificar e/ou difíceis de controlar. No exemplo do *layout*, poderão existir outras variáveis a afetar o volume de vendas, como campanhas promocionais a decorrer simultaneamente.

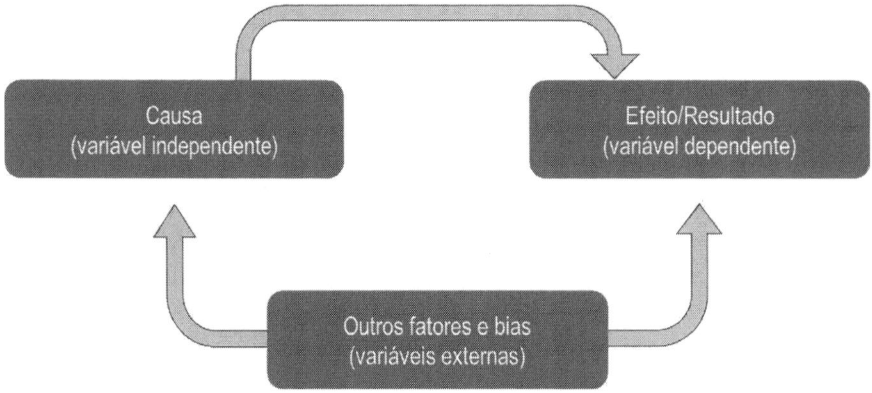

De modo a entender os efeitos produzidos pelo projeto, uma das técnicas que pode ser utilizada é a **técnica de Grupo de Controlo**. Esta técnica é uma ferramenta essencial de investigação, que permite isolar as variáveis em estudo (independente e dependente), minimizando o efeito de variáveis externas. O Grupo de Controlo permite analisar com maior rigor o efeito do projeto, uma vez que contrasta vários cenários isolando a variável independente. Não só elimina o efeito das variáveis externas que afetam o resultado final como elimina o efeito *bias* do perito em *Business Case*, isto é, a manipulação dos resultados que inconsciente ou conscientemente o gestor está sujeito.

Nesta técnica são formados dois grupos:

1. **Grupo experimental** – conjunto de indivíduos em que é testada a variável independente;
2. **Grupo de controlo** – conjunto de indivíduos que não sofre alterações. Desta forma, isolam-se os efeitos da variável independente no grupo experimental.

Os grupos devem ser representativos da população para que seja possível generalizar conclusões (universo). Devem ser homogéneos, constituídos aleatoriamente e sujeitos a condições idênticas (variáveis externas) para que se possa comparar os efeitos da experiência.

Após a experimentação, é possível observar os diferentes efeitos nos dois grupos, contrastando os resultados com o grupo de controlo. Ao comparar os dois grupos pode-se confirmar ou não a relação causa-efeito (validação da hipótese).

Esta técnica é frequentemente utilizada no âmbito da medicina como forma de testar o efeito de medicamentos, através de um ensaio clínico em dois grupos idênticos de pacientes. O grupo experimental é sujeito ao medicamento, ao passo que o grupo de controlo recebe um placebo (substância neutra). Após a experimentação, contrastam-se os dois grupos para concluir se os supostos efeitos são produzidos unicamente pela toma do medicamento real. Nem os pacientes, nem os médicos sabem qual o grupo que recebe o medicamento real, para evitar que os resultados sejam enviesados, ou seja, para respeitar a imparcialidade do estudo.

As limitações desta técnica estão associadas à complexidade do objeto de estudo – o comportamento humano. Por este motivo, para que haja maior robustez estatística, idealmente, os grupos não devem ter conhecimento que são alvos de experimentação, para não influenciarem o seu comportamento (*Hawthorne Effect*).

A complexidade do contexto e das variáveis externas são também uma barreira à experimentação. No sentido de eliminar qualquer influência na conclusão dos resultados pela presença de variáveis externas do momento em análise, a medição de benefícios deverá ser efetuada ao longo de vários momentos temporais à medida que a solução /projeto é implementada em diversas unidades. Para tal é recomendável a técnica de Grupo de Controlo sob o processo de ***rollout* progressivo**. Por exemplo, no caso do *layout* da loja, o projeto pode ser implementado primeiramente numa loja ou num conjunto reduzido de lojas, consoante o investimento necessário. Após implementação e exploração durante alguns meses, medem-se os resultados contrastando com as lojas que não sofreram alterações e assim sucessivamente ao longo do tempo. Passado algum tempo, implementa-se o *layout* noutro conjunto de lojas e faz-se nova medição de resultados. Continua-se o processo, consecutivamente, para que se isolem as variáveis externas ao longo do tempo, tornando a conclusão da experimentação mais robusta que representa o alcance dos benefícios alavancados pela implementação do projeto.

7.

Competências Principais

O capítulo das competências principais apresenta a descrição de um conjunto de comportamentos, características, conhecimento e qualidades pessoais de essencial apoio à execução das práticas de *Business Case*. Todas as competências que serão apresentadas são aplicáveis a outros gestores que atuam noutros âmbitos e portanto não são exclusivas aos profissionais de *Business Case*, porém são essenciais ao bom desempenho da função.

As competências podem ser segmentadas em três componentes principais:

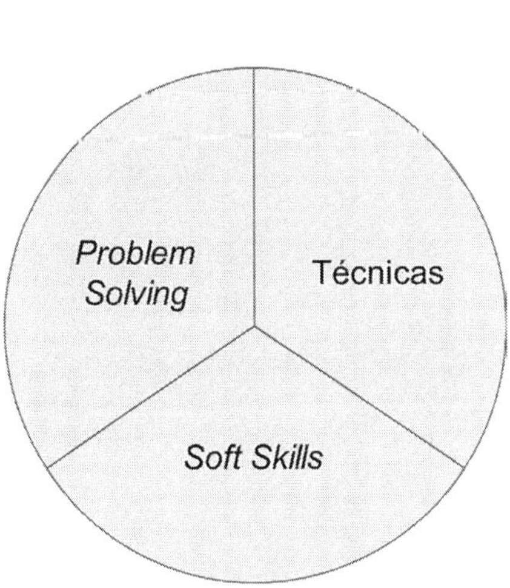

Figura 57. Competências Principais

7.1. COMPETÊNCIAS DE PROBLEM-SOLVING

Enquadramento

O fundamento da execução de um *Business Case* assenta na análise de viabilidade de uma solução proposta com vista responder a uma necessidade, problema ou oportunidade sentida numa organização. Assim sendo, ter a habilidade de saber definir a raiz do problema é determinante no sucesso da execução do processo de *Business Case*.

O diagrama de *Problem Solving* apresentado, retrata o processo a considerar aquando da realização e apresentação da Formulação do Pedido. A razão de ser de uma iniciativa deverá ser para responder a uma necessidade da organização e como tal esta terá que ser analisada cautelosamente para garantir que a solução proposta maximizará o valor gerado.

Em primeiro lugar, deverá ser mencionado qual o Problema sentido, seguido pela exploração das causas que desencadearam o problema identificado. Para tal, o domínio de várias técnicas de análise de problema é essencial para o levantamento das verdadeiras causas que o originam e que consequentemente geram impactos negativos na atividade do negócio (quer a nível interno quer externo). Deste modo a solução proposta deverá colmatar as causas identificadas, pelo que os impactos da solução (os benefícios) serão resultado da redução ou até eliminação total dos impactos do problema.

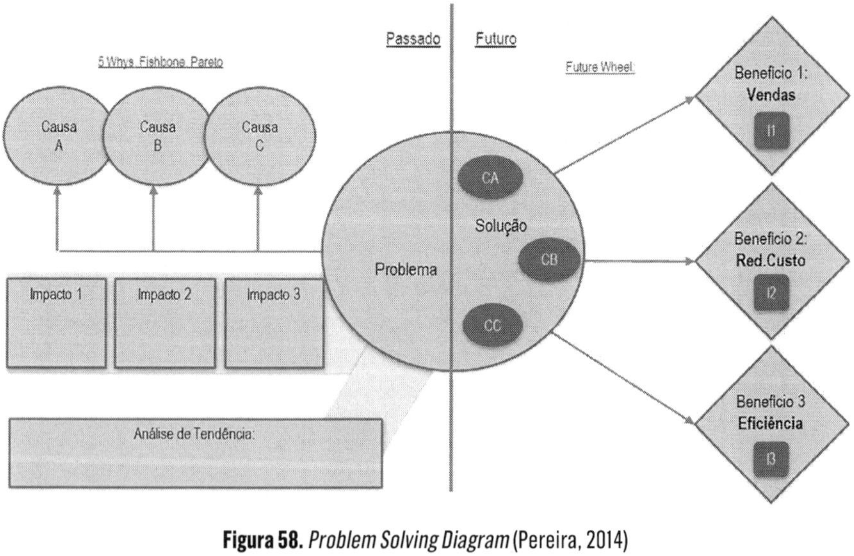

Figura 58. *Problem Solving Diagram* (Pereira, 2014)

Análise de Valor (*Value Analysis*)

De acordo com o autor (Miles, 1961), a análise de valor é uma filosofia implementada através da utilização de um conjunto específico de técnicas, um corpo de conhecimento (*body of knowledge*) e um grupo de habilidades aprendidas. É uma abordagem criativa feita de forma organizada, tendo por finalidade a identificação eficiente de custos desnecessários, ou seja, custos que não apresentam contributo para qualidade, nem utilidade nem recursos a clientes – custos que não acrescentam valor ao negócio.

Segundo (Williams, Lacy, Smith, & William, 1992) outros pesquisadores recentes identificaram as seguintes fases como sendo os principais aspetos de um esforço integrado aquando da análise de valor:

1. **Informação**: recolha de dados, definição da função e do custo.
2. **Especulação**: são identificadas outras opções ou alternativas adicionais. Técnicas criativas são de especial utilidade neste momento de criação de ideias.
3. **Análise**: São realizadas atividades específicas para determinar os custos e alternativas adequadas, bem como critérios de avaliação para facilitar o processo de comparação.
4. **Decisão e ação**: A opção mais satisfatória é escolhida e é preparado um plano de implementação.
5. **Avaliação**: A avaliação e medição da eficácia da alternativa selecionada é realizada nesta fase.

Estes passos em conjunto apresentam uma forma sequencial em como verificar, compreender e planear o programa de análise de valor.

O Modelo Conceptual do Processo de Diagnóstico

Segundo o autor De Mast, o processo de descoberta das causas de um problema é denominado de diagnóstico, sendo uma componente essencial na realização de *problem solving*.

O processo de resolução de problemas de diagnóstico é conceptualizado como uma pesquisa através de um campo de explicações de causas possíveis, até uma explicação ser encontrada que seja aceite como verdadeira e suficientemente específica. Estas explicações candidatas ao problema identificado, são hipóteses na mente do "diagnosticador". A organização por hipóteses permite ao profissional envolvido na análise, dar mais foco nas questões e na recolha de dados devidos. Ao longo da pesquisa, o diagnosticador cria, rejeita, e aceita hipóteses com base no conhecimento (*domain knowledge*) disponível e através das observações recolhidas.

O conhecimento de domínio (*domain knowledge*) consiste no conhecimento sobre o produto ou processo em estudo: por exemplo como é que este funciona, quais as partes que o compõem, como é que é utilizado, como se comporta habitualmente, e assim por diante. É a fase de teste das hipóteses que dirige o conjunto de conhecimentos e observações adicionais ao longo do decorrer das hipóteses em estudo. A um determinado momento, obter-se-á um conjunto de hipóteses em estudo que foram rejeitadas e outras aceites. Essas hipóteses e o seu *status* (aceite, rejeitado ou em consideração) define o estado da hipótese no processo de pesquisa. (de Mast, 2013). O estado da pesquisa vai progredindo à medida que o diagnosticador realiza três tipos de ações: criação da hipótese, testes e avaliação. De Mast propõe o seguinte modelo conceptual do processo de diagnóstico:

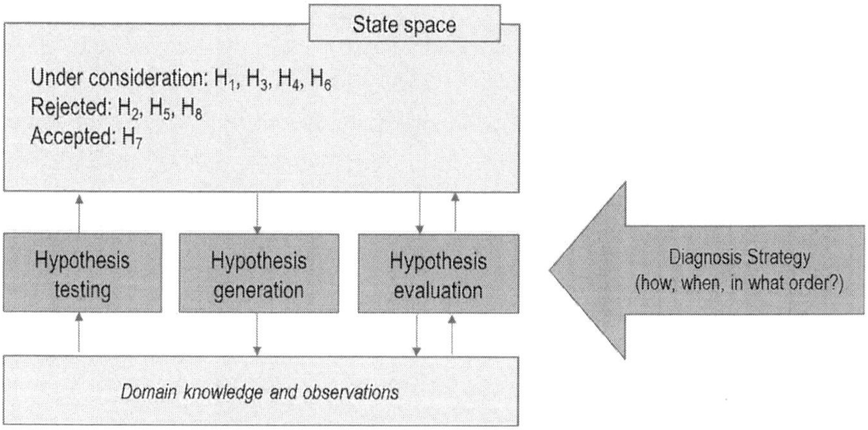

Figura 59. *Conceptual Model of the Diagnostic Process* (adaptado de De Mast 2013)

1. **Criação da Hipótese**: Com base no conhecimento de domínio e observações, o diagnosticador apresenta uma nova explicação candidata e adiciona à recolha de hipóteses consideradas. As hipóteses geradas poderão variar num intervalo quer de linhas causais mais amplas (por exemplo, "O problema é causado no processo de soldagem") até explicações causais muito específicas e detalhadas ("O problema é um curto-circuito, criado por contaminações com sais, depositado por um recém-apresentado

fluxo de soldadura "). É possível serem geradas várias hipóteses complementares.

2. **Teste das Hipóteses**: Após definidas as hipóteses em estudo, o diagnosticador identifica quais as observações ou conhecimentos necessários para avaliar cada uma das hipóteses em particular. Quando necessário, o diagnosticador faz novas observações ou testes e adiciona os resultados e respetivas observações ao corpo de conhecimento do domínio.
3. **Avaliação da Hipótese**: Dadas as hipóteses em estudo e tendo em conta o conhecimento de domínio (*domain knowledge*) disponível e observações recolhidas, o diagnosticador muda o *status* de uma hipótese em estudo, ou para "aceite" ou para "rejeitado" consoante o caso. Ambos os tipos de hipóteses, quer aceites quer rejeitadas, são adicionadas ao conhecimento de domínio como descobertas.

A pesquisa não termina necessariamente quando uma determinada hipótese é aceite como verdadeira, dado que essa hipótese pode ser muito genérica e ter a necessidade de maior aprofundamento. Em vez disso, o objetivo da pesquisa-diagnóstico é alcançado mediante a aceitação de uma hipótese que oferece uma explicação suficientemente específica da origem do problema de forma a permitir a conceção de uma solução. Assim, depois de aceitar uma hipótese ampla ("A causa do problema está no processo de soldagem"), o diagnosticador pode continuar a pesquisa através da criação, teste e avaliação de elaborações mais específicas da explicação inicial ("A causa está no fluxo de solda" ou "A temperatura da liga metálica é muito baixa" e assim por diante).

Tipicamente, o domínio do conhecimento e observações necessárias ao diagnóstico não são dados *a priori* de uma forma completa e consistente, mas são recolhidos ao longo da interação com a criação e avaliação das hipóteses. No entanto, a maioria das pesquisas-diagnóstico dão início com uma primeira rodada de levantamento de conhecimento do domínio e observações. Esta rodada inicial é por vezes chamada de aquisição-sugestão ou estudo dos sintomas (Juran J. , 1988).

Técnicas

A análise de causa/raíz consiste numa análise estruturada e organizada do problema e deteção da origem do mesmo, bem como do respetivo efeito causado. Durante este processo é essencial aliar diversas competências que assistam o especialista na concretização desta análise e na recolha de dados e informação adequada.

Existem duas técnicas principais: O *Fishbone Diagram* e a técnicas dos *5 Whys*.

O ***Fishbone Diagram*** (Diagram Espinha de Peixe ou Diagrama de Ishikawa) permite analisar o causa-efeito através da apresentação do *breakdown* das causas identificadas (Ishikawa, 1990). Este Diagrama permite dar ênfase e focus às causas potenciais do problema (criação de hipóteses) e organizar as ideias para posterior análise (teste e posterior avaliação).

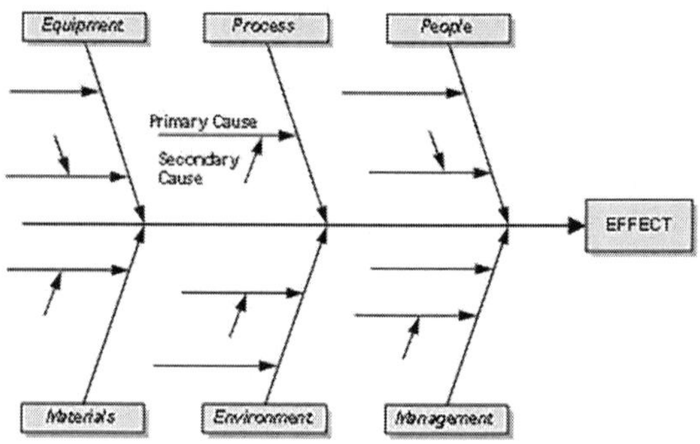

Figura 60. Exemplo de *Fishbone Diagram*

Principais passos:

1. Identificar o problema e escrevê-lo no topo do diagrama;
2. Criar a linha horizontal e respetivas linhas diagonais para representar as eventuais categorias de potenciais causas do problema. As categorias poderão incluir quer pessoas, quer processos, quer ferramentas e políticas;
3. Recorrer às técnicas de levantamento de dados, tais como *brainstorming*, entrevistas, observação entre outras, e capturar as potenciais causas respetivas organizadas por cada categoria;
4. Após o levantamento das potenciais causas é necessário analisar com maior profundidade e validar quais as causas com maior contributo direto para o problema;
5. Após o preenchimento do diagrama efetuar um brainstorming para propor potenciais soluções.

A técnica dos ***5 Whys*** (5 Porquês) visa chegar à causa do problema através de um processo repetido de perguntas na tentativa de obter a causa original.

Principais passos:

1. Escrever o problema numa frase sucinta;
2. Questionar porque é que este problema ocorre e perceber a ideia que o suporta;
3. De seguida questionar novamente, o porquê desse aspeto acontecer;
4. Este processo repete-se tantas vezes quanto necessário até obter a causa que espoleta o problema final. Tal como o próprio nome indica, é possível chegar ao cerne do problema ao questionar até cinco vezes o porquê ao longo de cada ideia/motivo que vai sendo identificada.

A técnica dos *5 Whys* pode ser utilizada de forma independente ou como apoio ao *Fishbone Diagram* para o processo de *drill down* das potenciais causas.

No seguimento do processo tipicamente seguido na abordagem ao *problem-solving*, apresentam-se as seguintes competências de apoio:

7.1.1. CAPACIDADE DE QUESTIONAR E SER CURIOSO

Durante o processo de *problem solving* e por forma a maximizar o apoio das técnicas é essencial que o especialista em *Business Case* tenha a capacidade de colocar as questões certas no momento adequado, de modo a **obter um entendimento do problema** e das suas causas. Adotar uma postura de curiosidade e **explorar** o problema, **investigar** hipóteses e opções de solução de forma pró-ativa são um contributo essencial na identificação da solução que melhor responde à necessidade do negócio e consequentemente maximiza os benefícios gerados.

7.1.2. PENSAMENTO ANALÍTICO

Antes de qualquer tomada de decisão, o especialista terá que ter domínio analítico sobre a informação que recolheu, e até mesmo, à medida que a vai recolhendo. O pensamento analítico consiste em explicar ou expor uma determinada matéria ou conteúdo de forma mais simples, pelo que implica a capacidade do analista **decompor o problema** em partes passíveis de serem analisadas.

O pensamento analítico implica conhecimento sobre a matéria em análise, implicando um raciocínio cuidadoso, quer por via dedutiva através do uso da matemática e lógica quer por um conjunto de ações que sigam um processo indutivo e experimental com base em técnicas de pesquisa e análise estatísticas cientificamente provadas e adequadas ao efeito.

Em suma, o pensamento analítico implica a facilidade de interpretação, organização, análise e processamento das informações de forma mais eficaz e simplificada, facilitando a obtenção de conclusões mais sólidas, a identificação de soluções e a tomada de decisão futuras com menor esforço.

Passos principais do pensamento analítico:

1. Levantar dados e informações (perguntas, observações, documentação, entre outros);
2. Filtrar as informações com exatidão, interpretá-las e alinhá-las ao objetivo em questão e validar;
3. Organizar a informação em categorias;
4. Comparar informações para verificar semelhanças, diferenças e congruências;
5. Avaliar as informações e tirar conclusões;
6. Projetar as conclusões para o futuro.

7.1.3. CAPACIDADE DE DECISÃO

Os especialistas em *Business Case* deverão estar aptos a tomar decisões eficazes conhecendo profundamente o critério implícito no processo de tomada de decisão, bem como a dar o apoio necessário aos *stakeholders* para tomarem as melhores decisões.

Tipicamente, a tomada de decisão advém da necessidade de optar entre outra alternativa ou até, entre mais. Como tal, o especialista deve ter a capacidade de realizar *trade-offs*, isto é, de analisar as contrapartidas de cada opção no sentido de tomar a decisão que mais potencia valor seguindo um processo imparcial, objetivo e racional. Este processo implica também habilidade em recolher **informação relevante,** respetivo tratamento (*breakdown* da informação, realizar comparações e análise de *impactos)* e estar apto a fazer recomendações que acrescentem valor.

7.1.4. APRENDIZAGEM CONTÍNUA

Dado que o sucesso de um negócio segue também um ciclo de melhoria contínua com base nos diversos fatores que o influenciam, o especialista de *Business Case* terá que ter a habilidade e contínuo interesse em aprender sobre a atividade de negócio onde opera e a capacidade de tornar essa informação relevante e valiosa em **acréscimo de valor**, isto é, em práticas e soluções que beneficiem a organização.

Já em meados do século XX, em 1940, foi desenvolvida uma teoria dos "Quatro Estágios da Aprendizagem" por Abraham Maslow que consiste no seguinte ciclo:

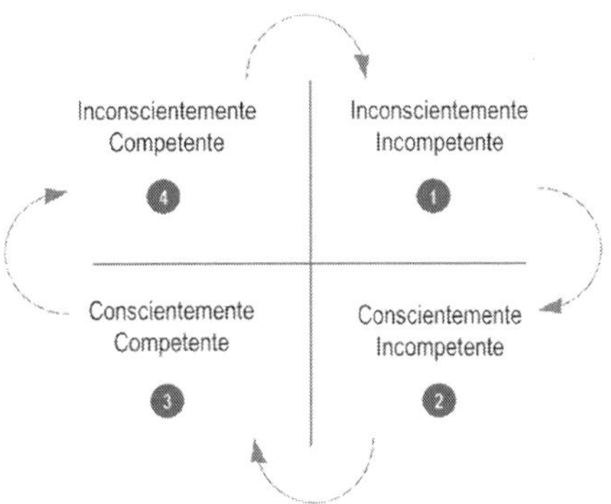

Figura 61. Os Quatro Estágios de Aprendizagem

Fase 1: Inconscientemente Incompetente – o indivíduo não sabe o que não sabe;

Fase 2: Conscientemente Incompetente – o indivíduo está consciente de que não domina uma determinada matéria;

Fase 3: Conscientemente Competente - o indivíduo toma medidas para ganhar o conhecimento em falta e reconhece o ganho dessa aprendizagem;

Fase 4: Inconscientemente Competente – o conhecimento torna-se "intrínseco" pelo que o indivíduo já o domina e pratica de forma inconsciente.

Após a fase 4 o ciclo continua, na medida em que surgem novas necessidades de conhecimento ainda por descobrir, dando assim início novamente à fase 1 "inconscientemente incompetente".

7.1.5. NEGOCIAÇÃO E PERSUASÃO

Ao longo do desenvolvimento do *Business Case*, o especialista depara-se com diversas tarefas que implicam interações entre os diferentes *stakeholders*, pelo que o especialista adota também um papel relevante enquanto facilitador na resolução de eventuais conflitos ou desacordos que possam surgir, à luz das prioridades do negócio e da organização. Deste modo terá a capacidade de negociar soluções junto dos intervenientes e conduzi-los ao consenso que mais beneficiará a organização.

A capacidade de negociação e persuasão implica, naturalmente, o domínio de outras competências *soft*, nomeadamente competências de comunicação e liderança.

7.1.6. IMPARCIALIDADE E INTEGRIDADE

Em complemento à competência da capacidade de decisão, o especialista deverá traduzir e perceber o impacto de decisões sobre os *stakeholders* e garantir um tratamento justo, alinhado com o interesse para a organização ao invés da tomada de decisões considerando meros desejos dos *stakeholders*. Deste modo o especialista deverá adotar uma postura imparcial e justa aliada ao sentido de responsabilidade e princípio de honestidade.

7.2. COMPETÊNCIAS SOFT

Além do domínio das competências de *Problem Solving*, para que o processo de *Business Case* seja conduzido de forma produtiva e eficaz, existem outras competências – as competências *soft* – igualmente importantes para o sucesso do *Business Case*.

7.2.1. COMUNICAÇÃO

A clareza na comunicação, tanto oral como escrita, permite os especialistas expressarem as suas ideias de forma adequada ao público-alvo a quem visam transmitir a mensagem.

A comunicação é um canal eficiente para a passagem de mensagens e troca de informações entre duas ou mais partes, pelo que ao realizar as atividades de *Business Case*, é essencial ter a habilidade tanto em ser entendido pela sua audiência bem como a capacidade de a entender. Deste modo, realça-se ser um ***"active listener"*** ou seja, ser pró-ativo na escuta e garantir o entendimento da mensagem e a facilidade na interação entre *stakeholders*, não só numa ótica de fluxo de informação, mas também, de **estabelecer relações**. Para uma comunicação escrita efetiva que permita adequar a informação ao contexto e determinada audiência, tal requer que o profissional tenha um vocabulário rico e forte compreensão gramatical com vista à documentação de toda a informação relevante para efeitos de histórico e facilidade de consulta.

7.2.2. ORGANIZAÇÃO

Para uma boa gestão, a componente de organização pessoal é essencial para a **gestão eficaz de tarefas, atividades e informação** no *timing* adequado. Além da responsabilidade em garantir a qualidade do processo e utilização das técnicas adequadas ao levantamento de informação referente ao *Business Case* em estudo, o profissional deverá saber também gerir o seu tempo, implicando clarificar objetivos e expetativas, saber priorizar e evitar o adiamento de tarefas relevantes.

7.2.3. LIDERANÇA

A habilidade em saber liderar um conjunto de pessoas implica naturalmente o domínio da competência da comunicação, para o efeito de criação de empatia e de *rapport*. Isto é, ter as aptidões necessárias para relacionar-se com facilidade sendo um catalisador da colaboração. A capacidade de criar *rapport* é essencial a um comunicador competente e o seu domínio torna-se um aliado de qualquer líder.

A liderança baseia-se na habilidade em gerar entusiasmo, inspiração e energia positiva aos membros de um grupo, isto é, ter a facilidade em **conduzir** uma equipa de trabalho, **motivá-la e influenciá-la**, de forma ética e positiva, com o objetivo último de alcançar os objetivos estabelecidos e uma visão futura comum.

7.2.4. INICIATIVA E PERSISTÊNCIA

O *expert* de *Business Case* deverá adotar um comportamento de **antecipação** aos problemas e **responsabilização** das ações, com base numa procura ativa pela mudança e por oportunidades, bem com o a capacidade de **lidar com problemas e superar obstáculos.**

7.3. COMPETÊNCIAS TÉCNICAS

7.3.1. DOMÍNIO NA ÁREA DAS FINANÇAS

Dado que o processo de *Business Case* envolve a avaliação de projetos, o especialista deve dominar a área de finanças, nomeadamente técnicas de análise e avaliação de investimentos (ex.: ROI, NPV, *Payback*). Complementarmente deve ser capaz de recolher, interpretar e avaliar diferentes dados financeiros para quantificar os benefícios e os custos de projetos, independentemente da sua complexidade.

7.3.2. CAPACIDADE DE GERIR INFORMAÇÃO

Ao longo do processo de *Business Case*, o especialista terá que lidar com vários dados e informações, que deve saber recolher, gerir e documentar. É especialmente importante que saiba como recolher a informação que precisa: Que informação necessita? Como a vai recolher? A que fonte?

O especialista deve ter controlo sobre o planeamento, a organização, o processo, a avaliação e a distribuição de qualquer informação, de forma a obter o resultado mais fidedigno, preciso e exato possível. São várias as dificuldades que podem ser encontradas durante este processo, como falta de qualidade da informação, dispersão das fontes, dados desatualizados, redundâncias, entre outras.

7.3.3. CAPACIDADE DE AVALIAR RISCOS

Dada a necessidade de analisar a fundo o problema do negócio e a solução a implementar, o especialista de *Business Case* deve ter uma visão holística e independente de todo o processo, sendo capaz de identificar diversos riscos inerentes ao projeto.

Esta informação é crucial para o sucesso do projeto e, por essa razão, todos os riscos identificados devem ser documentados e tidos em consideração, sejam de carácter externo ou interno. Uma identificação antecipada dos riscos permite que estes sejam evitados ou minimizados, no caso de serem negativos, ou assegurados e explorados, no caso de serem positivos.

A identificação dos potenciais riscos acontece durante as várias fases do *Business Case*, nomeadamente na identificação dos *stakeholders*, na identificação dos recursos necessários e das suas fontes, na preparação do contexto, na análise dos benefícios esperados, entre outras.

Quaisquer riscos identificados serão um importante *input* para o gestor de projeto, que posteriormente poderá implementar a iniciativa.

7.3.4. CAPACIDADE DE GERIR VALOR

Aumentar o ROI do projeto através do uso de técnicas de *value management* é uma competência importante a garantir. Apesar do foco do *Business Case* ser avaliar economicamente a iniciativa em causa, qualquer especialista deve ser capaz de analisar criticamente a solução e compreender como é que esta soluciona o problema de negócio. Desta forma, durante todo o processo, o especialista poderá identificar formas de maximizar o valor da iniciativa para a organização, encontrando alternativas mais económicas ou mais ajustadas ao propósito.

A compreensão dos requisitos de negócio é o primeiro passo para entender o problema e a oportunidade e assegurar que a solução responde por inteiro às necessidades. Nesse momento, o especialista poderá intervir, sugerindo complementos à solução que maximizem o valor da mesma.

O processo de PBS (*product breakdown structure*) é outro exemplo concreto em que o especialista pode aplicar técnicas de gestão de valor (*Value Improving Practices, Value Engineering, Value Analysis*), uma vez que pode mensurar o valor de cada componente da solução e propor alternativas para otimizar a relação custo-benefício.

8.

Caso Prático de um Business Case Report

Sumário Executivo

O *Business Case* B2B Smart App visa verificar a viabilidade económica e financeira da iniciativa de investimento para o Banco Club. Perante um contexto de elevada competitividade no mercado e a necessidade de racionalizar os seus recursos económicos, financeiros e humanos, a empresa levou a cabo um *Business Case* que lhe permitiu averiguar se a iniciativa é estratégica e se gerará riqueza para a sua organização. A tabela seguinte apresenta as principais conclusões do estudo de viabilidade realizado, nomeadamente na perspetiva interna (pontos fortes e fracos da iniciativa), na perspetiva externa (oportunidades e ameaças do mercado), nos custos e benefícios estimados e nos principais indicadores económicos.

Problem	Strategic Align	Key Stakeholders	Strengths	Weaknesses
Problem: Aumento da insatisfação dos clientes-empresa pela impossibilidade de poderem aceder e efetuar transações na conta empresa em qualquer momento e lugar	Aumento do Negócio B2B Aumento do volume de negócios em canais não presenciais	Destacam-se os: Departamentos de Canais Eletrónicos e Marketing com elevado impacto na sua realidade e com atitute muito positiva para a receção do novo projeto. Já o Departamento de Sistemas Informáticos apresenta uma postura resistente ao projeto pelo que deverá ter o devido apoio nesta gestão e ser envolvida regularmente.	- Contributo para o alcance dos objetivos estratégicos - Aumento da relação com o cliente através de um novo canal de comunicação - Melhoria da imagem do banco junto das empresas (aposta nos clientes atuais e aposta na inovação)	- Dependência externa na manutenção da aplicação móvel - Aumento da complexidade na gestão das operações, devido à criação de um novo canal - Reduzido know-how das equipas de IT do banco para responder de forma célere e competente às necessidades da aplicação
Solution		**Economics**	**Opportunities**	**Threats**
Solution: Criação de uma aplicação para smartphones e tablets para os clientes-empresas (B2B Smart APP)	Otimização dos recursos humanos no banco, através do aumento de eficiência Aumento da margem financeira	ROI = 207 % VAL = 1,609,200 € TER = 54,2 % Payback = 8,9 meses Do ponto de vista de viabilidade económica é um projeto interessante, com elevado retorno e rápida recuperação do investimento (payback inferior a 1 ano). No entanto, é essencial avaliar o grau de preparação das equipas para a mudança implícita com o projeto.	- Novo canal para potenciar cross-selling de serviços - Desenvolvimento de parcerias no âmbito do projeto, com empresas tecnológicas - Acompanhamento das tendências de consumo e utilização de equipamentos móveis - Oportunidade de lançar um serviço inovador, distinto da oferta atual do mercado	- Risco de não adesão por parte das empresas - Resposta da concorrência com soluções semelhantes
Cost €		**Benefits €**		
Para um ciclo de vida do projeto de 3 anos, estima-se um valor de investimento inicial em 777.462€ (valor investimento ano 0) e de 137.888€ em novos custos operacionais (total dos 3 anos), representando um total de 915.351€.		Aumento do Negócio por via da Retenção de clientes, representando 80,5% dos benefícios totais.	Redução de Custos com operações pelo uso de uma arquitetura mais barata, representando 11,7% dos benefícios totais.	Aumento de eficiência pela redução de tempo dedicado à resolução de erros, representa 7,9% dos benefícios totais.
		Com 95% de confiança, estima-se um total de benefícios no valor de 2.791.845 € para um período de exploração de 3 anos		

8.1. INICIATIVA

Contexto da Indústria

Num contexto económico-social de competitividade global é essencial criar projetos inovadores que sejam uma mais-valia para a organização, permitindo liderar a evolução concorrencial.

O setor da banca não é exceção. No entanto, dada a rentabilidade global negativa deste setor, assiste-se a uma quebra de investimento na modernização, agravando este cenário.

O ambiente torna-se ainda mais adverso com o **aumento da concorrência** e com **clientes menos fidelizados**, mas não por isso menos exigentes. Assim, com a diminuição súbita das fontes de receita habituais gera-se maior pressão sobre os custos, obrigando os gestores bancários a procurarem novas oportunidades de negócio com orçamentos mais reduzidos.

O tema da **inovação surge como forma de ultrapassar estes obstáculos**, pois permite que as empresas se diferenciem (por exemplo através dos canais eletrónicos, como *home banking* e *mobile banking*), com soluções adequadas às necessidades do cliente.

Entretanto, assistimos à chegada da geração Y, cada vez mais influente no mundo empresarial, habituados ao **uso intensivo da tecnologia**. As tendências de consumo atuais apontam para um **acréscimo de utilizadores de *smartphones* e *tablets*** em detrimento do uso dos computadores, dada a necessidade de tomar decisões e de estar informado, em qualquer momento e em qualquer lugar, criando uma oportunidade de negócio e uma nova forma de contacto com o cliente.

Com o crescimento na utilização de *smartphones* e *tablets* surge a necessidade de **aceder a serviços bancários em mobilidade**, necessidade que ainda não foi colmatada pelo mercado.

Banco Club

O Banco Club distingue-se pela capacidade de inovação e forte competitividade de serviços, assim como pelo forte contributo à estabilidade e solidez do sistema financeiro do país. O Banco Club é especialista no financiamento a empresas sendo uma referência nacional nesta área de atuação.

A incerteza do contexto e a hipercompetitividade, aliadas ao inconformismo pela melhoria contínua e pela excelência no cumprimento da missão da empresa, determinam as premissas para a profissionalização dos processos de gestão, nomeadamente ao nível do processo CAPEX, em concreto o ciclo de transformação do negócio e da reengenharia organizacional, visando continuamente a maximização da aplicação dos recursos na criação de riqueza económica.

Neste sentido, é necessário estar continuamente a inovar e a apostar em projetos com elevado retorno, permitindo manter uma posição competitiva.

Identificação do Problema e Causas-raiz

Verificou-se o aumento da insatisfação dos clientes-empresa, cuja taxa de abandono tem agravado nos últimos 12 meses. Dada a importância destes clientes para o Banco Club é necessário atuar de modo a aumentar a sua satisfação e, consequentemente, garantir a sua retenção.

De modo a identificar as causas-raiz do problema (aumento da insatisfação dos clientes-empresa), foi levado a cabo um inquérito a uma amostra de clientes que abandonaram o banco, no qual se questionou qual(is) o(s) principal(is) motivo(s) de abandono.

Para o cálculo da amostra, verificou-se o histórico de abandonos de clientes-empresa no último ano (5000 empresas) e utilizou-se uma margem de erro de 5%.

Dados históricos	Valor
Nº de clientes empresas 2014	150000
Nº de clientes empresa que abandonaram o banco em 2014	5000
Taxa de abandono anual 2014	3,33%

Método:	Técnica:	Quem?	Universo	Amostra	Margem de erro
Interrogativo	Questionários	Clientes Empresa insatisfeitos que abandonaram o banco	5000	357	5%

%	Respostas:
20%	C1 - Inexistência de uma plataforma que possa ser usada em mobilidade
18%	C2 - Taxas de juros pouco atrativas face à concorrência
17%	C3 - Fraca atenção ao cliente
15%	C4 - Poucas agências disponíveis na região
30%	C5 - Outros
100%	

Nº de empresas que abandonaram o banco pelo motivo C1 (médio)	1000
Nº de empresas que abandonaram o banco pelo motivo C1 (margem de erro -5%)	950
Nº de empresas que abandonaram o banco pelo motivo C1 (margem de erro +5%)	1050

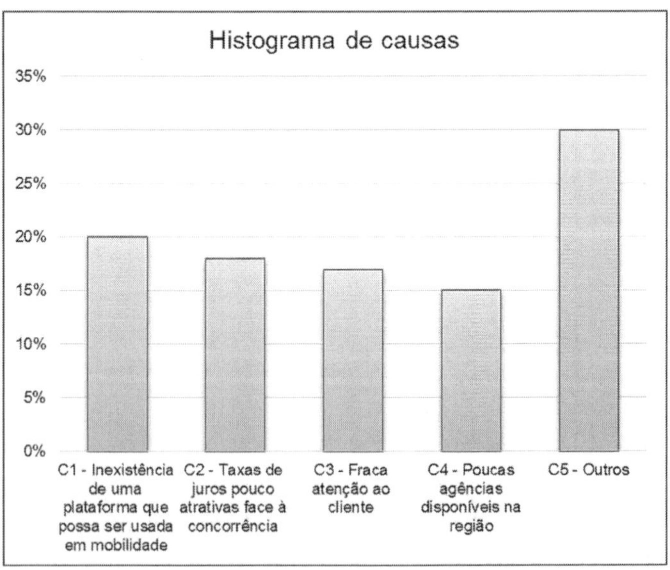

Verifica-se que 20% dos inquiridos abandonaram o banco pela inexistência de um canal bancário móvel. Desta forma, propõe-se a criação de uma solução para responder a esta necessidade: uma aplicação *mobile banking* clientes-empresas (B2B Smart APP)

Ao criar a B2B Smart APP, existe um potencial de 5000 × 20% clientes-empresa que podem ser retidos (entre 950 e 1050 empresas, com margem de erro de 5%) – benefício de **(B1) Retenção de Clientes.**

Mais ainda, verificou-se que existem dois benefícios adicionais. Um benefício de **(B2) Redução de Custos** uma vez que a aplicação móvel utilizará uma nova arquitetura de sistema, cujos custos de operações são mais baixos face à arquitetura do sistema de *home-banking*. E um benefício de **(B3) Aumento de Eficiência**, pois a nova aplicação origina menos erros por operação e, consequentemente, irá libertar tempo das equipas na resolução dos mesmos.

Project Request

Área	Tipo	Data	Nome Pedido	Interlocutor
Marketing	(x) Negócio ( ) Redução de ( ) Eficiência ( ) Conformidade	22/01/2015	B2B Smart App	

Situação Atual

a) O **PROBLEMA** atual é ...

Tem-se verificado um aumento do número de reclamações pelos clientes-empresa pela impossibilidade de poderem aceder e efetuar operações em qualquer momento e lugar quando necessário.

b) Quais as **CONSEQUENCIAS** do problema atual?

Consequência 1:

Perda de clientes-empresa com impacto na perda no negócio

Consequência 2:

Falta de racionalização de custos das operações atualmente efetuadas via *home-banking* (por utilizarem uma arquitetura mais cara)

Consequência 3:

-

c) Quais as **CAUSAS** principais da existência

Causa 1:

Inexistência de um canal que possa ser usado em mobilidade

Causa 2:

Realidade atual dos negócios exige que os empresários tomem decisões em *real-time*

Causa 3:

-

d) Qual a **TENDÊNCIA** que se tem verificado ao

Tem-se verificado um agravamento nos últimos 12 meses

Situação Futura

a) Qual o **PRODUTO**, o **SERVIÇO** ou o **RESULTADO** que se pretende?

A solução passa pela criação de um canal *mobile-banking* para Empresas que permita que os empresários possam efetuar as operações bancárias que necessitam, em qualquer momento e lugar (não estarem dependentes de um computador ou balcão)

b) Existe alguma **DEPENDÊNCIA EXTERNA** que condicione o projeto?

Conformidades legais impostas pelo Banco de Portugal ou Banco Central Europeu relativamente a políticas de segurança e privacidade.

c) Qual o **IMPACTO** deste projeto não ser feito?

Caso este projeto não avance, colocará em risco a perda de mais clientes bem como não permitirá a redução de custos com as operações que passariam a ser realizadas via*mobile-banking*

d) Existem **ALTERNATIVAS** temporárias ou definitivas ao projeto?

Para resolver o propósito, não existem alternativas além do sistema atual utilizado

e) O que é que fará do resultado deste projeto um **CASO SUCESSO**?

Permitir reter os clientes por responder a uma necessidade atual e com isso garantir a receita que trazem ao negócio. Além disso obter a redução de custos com as operações bancárias, a serem realizadas via *mobile-banking*.

f) Existe alguma **MILESTONE** mandatória? Porquê?

De forma a acompanhar a concorrência e evitar a perda de mais clientes para a mesma, a solução deverá ser implementada até ao mês de Agosto (antes do período pico de procura em "setembro")

Análise de Impacto

Áreas Funcionais	Porquê
Departamento de Marketing	Novas tarefas e responsabilidades associadas à gestão de atividades promocionais e estudo do comportamento do consumidor, na nova aplicação mobile.
Departamento de Canais Eletrónicos	Enquanto área responsável pelos canais eletrónicos terá responsabilidade acrescidas associadas à gestão da aplicação móvel.
Departamento de IT	IT terá a responsabilidade de dar assistência técnica quando necessário. Com a utilização *mobile-banking*, existirão menos erros por operação e consequemente menor tempo dedicado a esta tarefa.

Processos	Porquê
Operações bancárias (empresas)	Criação de novos processos na aplicação (adaptação das operações atuais à funciona
Costumer Service	Estudos ao consumidor terão que considerar uma nova fonte de dados para análise, bem como o processo de apoio ao cliente para esclarecimento de quaisquer dúvidas desta aplicação

Sistemas Aplicacionais	Porquê
Mobile-banking	Dado que será criada uma nova aplicação mobile, irá ser criado um novo sistema aplicacional com a adaptação do *home-banking* empresas à mesma

Análise de Benefícios

	Benefício
Negócio	Retenção de Clientes (evitar o abandono)
Redução de Custo	Redução de custos com as operações (por utilizarem uma arquitetura mais barata e moderna) a serem realizadas via B2B Smart App
Eficiência	Aumento de eficiência das equipas de IT pela redução do nº de erros gerado no sistem
Conformidade	N/A

Anexos

Ficheiro	Fonte	Informação
Tendência de taxa de abandono nos últimos 3 anos	Departamento de Marketing	Informação sobre a evolução da taxa de abandono ao longo do tempo
Relatório das reclamações reportadas	Costumer Service	Relatório com comentários e feedback dos clientes inquiridos ao longo dos últimos 12 meses
Estudo de mercado	Departamento de Marketing	Inquérito para apuramentos das causas de insatisfação e abandono dos clientes empresa.
Registo histórico das operações via *home-banking* (empresas)	Departamentos de Marketing e IT	Relatório com informação do nº de operações online realizadas pelo segmento empresas ao longo dos últimos 2 anos

8.2. ALINHAMENTO ESTRATÉGICO

Elevator Pitch

O *Elevator Pitch* é uma técnica muito utilizada no ramo dos projetos e de negócio, nomeadamente quando se pretende vender uma ideia/negócio a um outro interessado, por exemplo, a um investidor. A figura representada apresenta o conteúdo que deverá ser mencionado numa abordagem de venda da ideia, que segundo a técnica tem o limite de tempo de 1 minuto (a média de tempo que se fica num elevador). Deste modo, em um minuto, a ideia deverá ser clara, sucinta e cativar o interesse do potencial investidor. O conteúdo deverá apresentar o problema em questão, as dores, a solução proposta e o impacto (benefícios) resultantes do projeto.

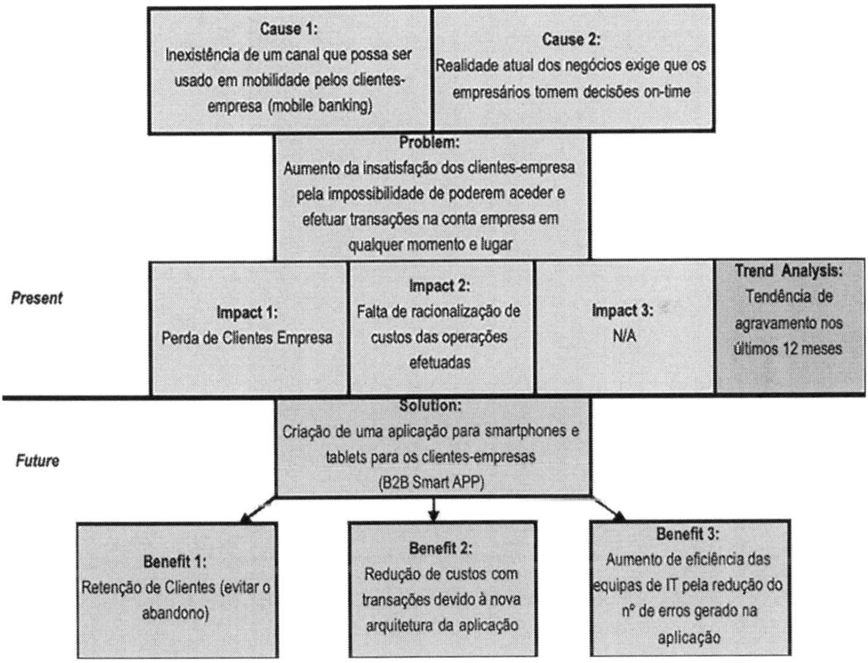

Figura 62. Elevator Pitch

Strategic Force Analysis

Com vista a verificar o alinhamento de cada benefício esperado pelo projeto "B2B Smart APP" com os objetivos estratégicos do banco, foi realizado o quadro da página seguinte.

Nota: Descrever os benefícios da iniciativa de forma instanciada na perspetiva de: Aumento de Negócio (através de Novos Clientes, *Up Selling*, *Cross Selling* e Fidelização), Aumento de Eficiência (através de libertação de horas de trabalho) e Redução de Custos. No quadro seguinte especificar como é que o benefício contribui para o objetivo estratégico.

	Solution: Criação de uma aplicação para smartphones e tablets para os clientes-empresas (B2B Smart APP)		
	- Benefícios da Iniciativa -		
	Benefit 1: Retenção de Clientes (evitar o abandono)	Benefit 2: Redução de custos com transações devido à nova arquitetura da aplicação	Benefit 3: Aumento de eficiência das equipas de IT pela redução do nº de erros gerado na
PTE 1 Aumento do negócio B2B	Esta iniciativa permite ir ao encontro deste objetivo estratégico, uma vez que permite reforçar a dinâmica comercial e desenvolver a oferta de serviços. Apesar de não considerar o aumento de clientes empresa, esta solução vem evitar a perda de clientes que se encontram insatisfeitos com a inexistência de canais móveis.		
PTE 2 Aumento do negócio B2C			
PTE 3 Redução de custos fixos do banco			
PTE 4 Aumento do volume de negócios em canais não presenciais	Neste objetivo pretende-se incrementar o peso dos canais não presenciais e reter clientes em canais emergentes (mobile banking), o que se traduz neste benefício da iniciativa considerada.		
PTE 5 Otimização dos recursos humanos no banco, através do aumento de eficiência			Otimização do trabalho das equipas de IT, que irão dedicar menos tempo à resolução de erros gerados no sistema, permitindo que esse tempo libertado possa ser realocado noutras tarefas.
PTE 6 Aumento da margem financeira		A B2B Smart App permitirá reduzir custos de transação. Ao reduzirmos o custo por transação é possível potenciar a receita por aumento da margem financeira.	
	- Contributo dos Benefícios para os Objetivos Estratégicos -		

Scoring Model

Após a descrição dos benefícios esperados e avaliação do seu alinhamento com os objetivos estratégicos da empresa, o *Scoring Model* permitir-nos-á avaliar o peso do projeto para a concretização dos objetivos gerais e estratégicos da empresa.

ID	Objectivo Estratégico	Importância	Negócio	Criação de Riqueza: Eficiência	Criação de Riqueza: Red Custo	Criação de Riqueza: Conformidade	B2B Smart APP
1	Aumento do negócio B2B	6	100%	0%	0%	0%	5
2	Aumento do negócio B2C	6	100%	0%	0%	0%	1
3	Redução de custos fixos do banco	2	0%	0%	100%	0%	1
4	Aumento do volume de negócios em canais não presenciais	4	100%	0%	0%	0%	4
5	Otimização dos recursos humanos no banco, através do aumento de eficiência	1	0%	100%	0%	0%	2
6	Aumento da margem financeira	5	40%	5%	55%	0%	2
			57%	18%	26%	0%	Score: 2,75

Cut Score:	2
Force In:	Aumento do negócio B2B ou B2C >= 4
Force Out:	Aumento do negócio B2B e B2C <2

De forma a obtermos o *score* do projeto, é atribuído um peso numa escala entre 1-5, representando o grau de contributo e importância do projeto em análise para cada objetivo estratégico da empresa. Uma vez que a empresa também define *a priori* os seus objetivos estratégicos mais prioritários e com maior relevância na mesma escala (entre 1-5), é depois realizada uma média ponderada, obtendo-se assim o *score* do projeto.

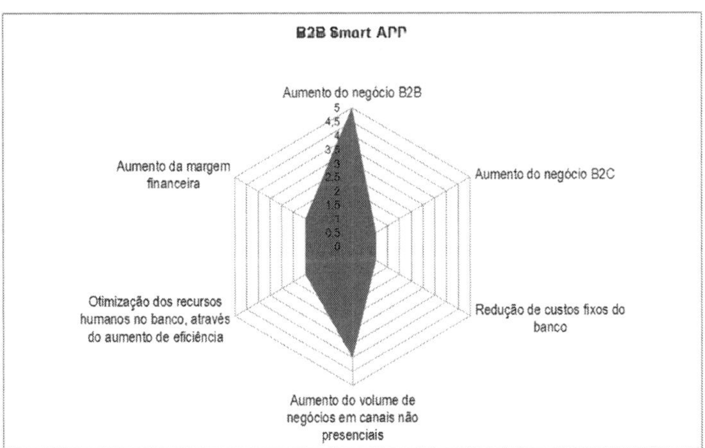

Quanto ao projeto de lançamento da B2B Smart APP esta contribuirá maioritariamente para o Aumento do Negócio B2B seguido do Aumento do Volume de Negócio em Canais Não Presenciais, bem como para a Otimização da RH e para o Aumento da Margem Financeira. Quanto aos restantes objetivos, o projeto contribuirá de forma residual.

O *Cut Score* consiste na definição de um *score* mínimo exigido para considerar o projeto. Neste caso, se o *score* foi inferior ou igual a 2, a hipótese de considerar este projeto deverá ser imediatamente eliminada.

Já o *Force In* determina a "exceção" aceitando um *score* do projeto relativamente a um objetivo estratégico da empresa, ou seja mesmo que um dos pesos do projeto seja baixo, este forçará a sua aprovação. Neste caso se os objetivos de Aumento de Negócio B2B ou B2C tiverem uma classificação maior ou igual a 4 este deverá ser considerado automaticamente para a fase seguinte (estimação de benefícios).

O *Force Out* tem o efeito inverso do *Force In*, isto é, determina o peso que rejeitará o projeto caso a pontuação atribuída ao objetivo estratégico iguale esse valor. Neste caso, se os objetivos Aumento de Negócio B2B e B2C obtiverem simultaneamente uma classificação inferior a 2, a iniciativa deverá ser automaticamente excluída.

Tabela de critérios de classificação da iniciativa face aos objetivos estratégicos:

ID	Aumento do negócio B2B	Nível
1	Não existe expetativa de aumento de volume de negócio B2B	Muito Baixo
2	Aumentar volume de negócio < 250k€	Baixo
3	Aumentar volume de negócio ≥ 250k€ e < 500k€	Médio
4	Aumentar volume de negócio ≥ 500k€ e < 750k€	Alto
5	Aumentar volume de negócio ≥ 750k€	Muito Alto

ID	Aumento do negócio B2C	Nível
1	Não existe expetativa de aumento de volume de negócio B2C	Muito Baixo
2	Aumentar volume de negócio < 250k€	Baixo
3	Aumentar volume de negócio ≥ 250k€ e < 500k€	Médio
4	Aumentar volume de negócio ≥ 500k€ e < 750k€	Alto
5	Aumentar volume de negócio ≥ 750k€	Muito Alto

ID	Redução de custos fixos do banco	Nível
1	Não existe expectativa de redução de custos fixos	Muito Baixo
2	Redução de custos fixos ≥ 1% e <5%	Baixo
3	Redução de custos fixos ≥ 5% e < 10%	Médio
4	Redução de custos fixos ≥ 10% e < 15%	Alto
5	Redução de custos fixos ≥ 15%	Muito Alto

ID	Aumento do volume de negócios em canais não presenciais	Nível
1	Não existe expetativa de aumento de volume de negócio em canais não pres	Muito Baixo
2	Aumentar volume de negócio ≥ 1% e <5%	Baixo
3	Aumentar volume de negócio ≥ 5% e < 10%	Médio
4	Aumentar volume de negócio ≥ 10% e < 15%	Alto
5	Aumentar volume de negócio ≥ 15%	Muito Alto

ID	Otimização dos recursos humanos no banco, através do aumento de eficiê	Nível
1	Não existe expectativa de otimização dos RH no Grupo	Muito Baixo
2	Otimização dos RH ≥ 1% e <5%	Baixo
3	Otimização dos RH ≥ 5% e < 10%	Médio
4	Otimização dos RH ≥ 10% e < 15%	Alto
5	Otimização dos RH ≥ 15%	Muito Alto

ID	Aumento da margem financeira	Nível
1	Não existe expectativa de aumento da margem financeira	Muito Baixo
2	Aumento da margem financeira <1%	Baixo
3	Aumento da margem financeira ≥ 1% e < 2%	Médio
4	Aumento da margem financeira ≥ 3% e < 4%	Alto
5	Aumento da margem financeira ≥ 5%	Muito Alto

8.3. PLANO DE BENEFÍCIOS

Benefits Planning

	AS IS (Present / Past)			IMPROVE (Estimation)	TO BE (Future)	
OI (Return on Inv	Metric	Source	Collection Technique	Evaluation Technique	Tracking Technique	Frequency
INCREASE GAINS						
A1 Retain						
A1.1 Benefício 1	Nº atual de clientes empresa	MKO	Reports / Historical Records		Reports / Historical Records	Semestral
	Taxa de abandono empresas	MKO	Reports / Historical Records		Trend Analysis	Semestral
	Taxa de abandono empresas (futura)	MKO		Survey/Questionnarie	Trend Analysis	Semestral
	Valor de um cliente-empresa (anual)	MKO	Reports / Historical Records		Reports / Historical Records	Semestral
COST REDUCTION						
B1 Other Costs						
B1.1 Benefício 2	Custo transação *home-banking*	CG	Reports / Historical Records		Reports / Historical Records	Semestral
	Custo transação *mobile-banking*	CG	Reports / Historical Records		Reports / Historical Records	Semestral
	Nº de operações mensais atuais	CG	Reports / Historical Records		Reports / Historical Records	Semestral
	Nº de operações mensais futura			Prototyping	Trend Analysis	Semestral
EFFICIENCY						
C1 Reduce Work / Rework						
C1.1 Benefício 3	Nº de operações mensais futura			Prototyping	Trend Analysis	Semestral
	Nº erros gerados por operação atual	Equipa IT	Reports / Historical Records		Reports / Historical Records	Semestral
	Nº erros gerados por operação futuro			Prototyping	Trend Analysis	Semestral
	Tempo médio de resolução de um erro	Equipa IT	Observation		Observation	Semestral
	Custo médio hora de colaborador de IT	CG	Reports / Historical Records		Reports / Historical Records	Anual

O plano de benefícios consiste na nomeação dos benefícios esperados do projeto e para cada um deles cabe definir: qual a informação (*data*) que se necessita conhecer, qual a fonte a que iremos recorrer e qual a técnica a utilizar de forma a obtermos um "retrato" da situação atual; No campo do "Improve" visamos determinar a técnica que ajudará avaliar o comportamento da variável especulativa, ou seja, a técnica que nos permite especular o valor delta (acréscimo/decréscimo) relativo à variável, alavancado pelo projeto. Quanto à seção "To Be", teremos que identificar a técnica para validar e avaliar o processo ao longo do tempo bem como definir a sua periodicidade com vista à monitorização dos resultados.

Após efetuar o devido planeamento, este foi colocado em ação de modo a validar a adesão da iniciativa no mercado e o contributo interno, e a permitir-nos estimar os benefícios da iniciativa.

Em seguida, apresentam-se os resultados dos estudos (questionários e simulação) respetivamente para cada benefício:

Validação da Iniciativa

No seguimento do estudo mencionado no capítulo 1.3. onde se fez o levantamento da necessidade (identificando o problema e respetivas causas), foi necessário complementá-lo com outros estudos de forma a validar se a solução proposta poderá vir a ser viável.

Benefício 1 – Retenção de clientes-empresa

Com vista a validar o benefício 1, ou seja, se a solução responderá ao problema dos clientes-empresa que abandonaram o banco pela inexistência de um canal bancário móvel, realizou-se outro estudo questionando se estes clientes permaneceriam no banco com a B2B Smart APP.

Método:	Técnica:	Quem?	Universo	Amostra	Margem de erro
Interrogativo	Questionários	Clientes empresa insatisfeitos que abandonaram pela inexistência de um canal *mobile banking*	1000	278	5%

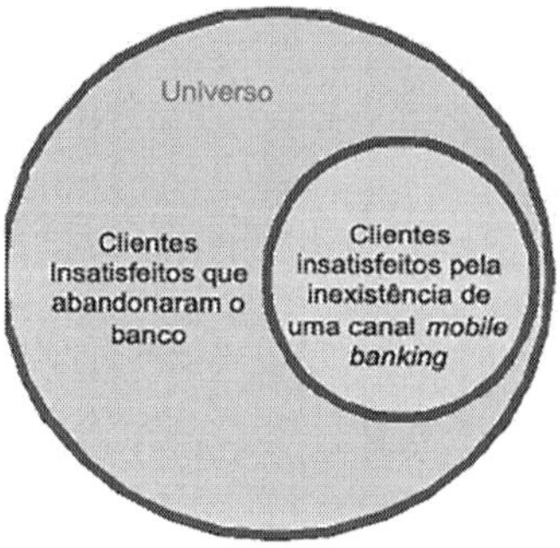

%	Respostas:
60%	Sim, permaneceria.
30%	Não.
10%	Não sei e/ou Não respondo

Nº de clientes empresa	150000
Nº de clientes empresas que abandonaram	5000
Taxa de abandono atual	3,333%
Nº potencial de clientes retidos (margem de erro -5%)	570
Nº potencial de clientes retidos (margem de erro +5%)	630
Nº potencial de clientes retidos (média)	600
Taxa de abandono potencial futura	2,933%
D % taxa de abandono potencial (evitada)	0,400%

Valor de um cliente-empresa (anual)	1 800,00 €
Total Valor Clientes Retidos (anual) - 570 empresas	1 026 000,00 €
Total Valor Clientes Retidos (anual) - 630 empresas	1 134 000,00 €

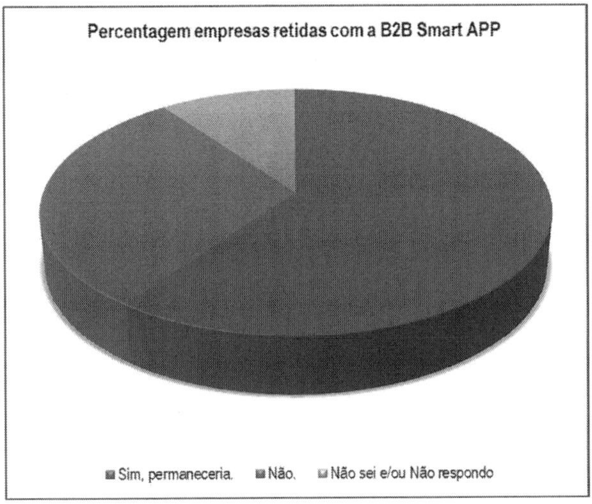

Este estudo permitiu concluir que, da amostra inquirida, 60% dos clientes permaneceria no mesmo banco caso este disponibilizasse uma solução B2B Smart APP.

Assim, como indica a tabela acima, para uma taxa de abandono inicial de 3,3%, o banco iria conseguir reduzir para, aproximadamente, 2,9%, evitando a perda entre 570 e 630 clientes empresa por ano (margem de erro 5%), que representam, aproximadamente, 1,1 milhões €/ano.

Caso a solução venha a ser considerada, é recomendável a realização de mais estudos (por exemplo de prototipagem/focus groups/entrevistas) com vista a realizar o devido levantamento dos requisitos funcionais e não funcionais para garantir o desenvolvimento da solução adequada à necessidade.

Benefício 2 – Redução de custos (Parte 1)

De modo a quantificar o potencial de redução de custos com transações pelo uso de uma arquitetura mais moderna (*mobile-banking*) foi necessário apurar o universo potencial de utilizadores desta aplicação. Desta forma, contactaram-se os clientes-empresa atuais para saber o grau de adesão (amostra de 384 empresas com uma margem de erro de 5%).

Método:	Técnica:	Quem?	Universo	Amostra	Margem de erro
Interrogativo	Questionários	Clientes empresa atuais do banco	150000	384	5%

%	Respostas:
35%	Sim, sem dúvida.
30%	Não.
35%	Não sei e/ou Não respondo

Nº de clientes empresa	150000
Nº de clientes empresas que adeririam (média)	52500
Nº de clientes empresas que adeririam (margem de erro -5%)	49875
Nº de clientes empresas que adeririam (margem de erro +5%)	55125

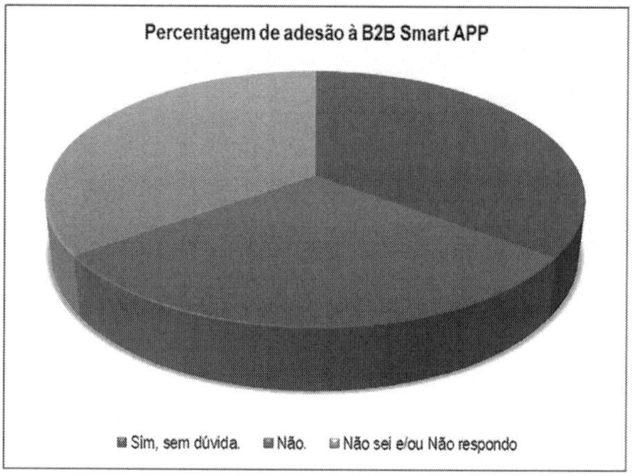

Com os questionários conclui-se que 35% das empresas inquiridas estariam dispostas a utilizar a B2B Smart APP no seu dia-a-dia, representando um potencial de empresas que adeririam entre 49875 e 55125 (margem de erro 5%).

Benefício 2 – Redução de custos (Parte 2)

Com vista a verificar o número médio de operações efetuadas atualmente e a estimar o número de operações que passarão a ser efetuadas via *mobile-banking*, procedeu-se a um *Prototyping* em que 382 empresas testaram a aplicação durante um mês, permitindo concluir o número médio de operações potenciais que deixarão de ser realizadas via *home-banking*, para serem concretizadas através de *mobile-banking*.

Método:	Técnica:	Quem?	Universo	Amostra	Margem de erro
Experimental	Prototyping	Clientes empresa que estão dispostas a usar a B2B Smart App	52500	382	5%

Nº de operações médias mensais dos clientes empresa em *home-banking*	2500000
% de operações que passariam a ser efetuadas via *mobile-banking* (com base na amostra)	20%
Nº de operações mensais efetuadas via *mobile-banking* (extrapolação para o universo total de operações)	500000
Custo unitário médio de uma operação via *home-banking*	0,05 €
Custo unitário médio de uma operação via *mobile-banking*	0,03 €
Poupança mensal	10 000,00 €
Poupança anual (margem de erro -5%)	114 000,00 €
Poupança anual (margem de erro +5%)	126 000,00 €

A simulação permitiu concluir que 20% das operações totais passariam a ser efetuadas via B2B Smart APP, o que se traduz numa poupança entre 114 e 126 mil euros, aproximadamente (margem de erro 5%), pela utilização de uma arquitetura com menos custos e mais moderna.

Benefício 3 – Aumento de eficiência

Com vista a apurar o benefício de aumento de eficiência das equipas de IT, foi necessário estimar qual a redução possível de erros do cenário atual (operações efetuadas via *home-banking*) para o cenário futuro com a B2B Smart APP (operações que passarão a ser efetuadas via *mobile-banking*). Este estudo foi feito em simultâneo com a Prototipagem levada a cabo anteriormente (para apurar o nº de operações efetuadas na nova aplicação), onde foi registado o número de erros médio por operação.

Método:	Técnica:	Quem?	Universo	Amostra	Margem de erro
Experimental	Prototyping	Clientes empresa que estão dispostas a usar a B2B Smart App	52500	382	5%

Nº de operações médias mensais dos clientes empresa	2500000
% de operações que passariam a ser efetuadas via mobile (com base na amostra)	20%
Nº de operações mensais efetuadas via mobile (extrapolação para o universo total de operações)	500000
Nº erros gerados por operação (cenário *home-banking*)	1,00%
Nº erros gerados por operação (cenário B2B Smart App)	0,10%
Tempo médio de resolução de um erro em horas	0,083
Custo médio por hora de um colaborador de IT	18,00 €
Poupança anual (margem de erro -5%)	76 950,00 €
Poupança anual (margem de erro +5%)	85 050,00 €

Foi possível concluir que nas operações que passarão a ser efetuadas na nova aplicação, existirá uma redução da taxa de erros por operação de 1% para 0,10% traduzindo-se numa redução de tempo dispendido pela equipa de TI nesta tarefa, representando um total de poupança (libertação de capacidade virtual) entre 76.950€ e 85.050€ (margem de erro 5%) por ano.

Benefits Modelling

Após a definição do plano de benefícios, é importante definir a modelação dos mesmos, ou seja, para cada um dos benefícios determinar a equação e o valor (€) referente ao impacto esperado.

Metric:	Valor Cliente	Taxa média de abandono	Taxa de abandono futura	Nº de clientes atuais			Valor Cliente* (Taxa de abandono atual - taxa de abandono futura)* Nº clientes atuais
Source:	Base de dados	Base de dados	Surveys	Base de dados			
Detail:	Valor de um cliente-empresa (anual)	Taxa de abandono atual de empresas (anual)	Estimação com base no estudo de mercado (anexo)	Média do nº de clientes empresa em 2014			
Unit:	€	%	%	Unit			
Benefit 1: Retenção de Clientes (evitar o abandono)	= 1 800,00 €	* 3,3%	- 2,9%	* 150 000	+	+	= 1 080 000,00 €

Metric:	Nº operações bancáriás	% de operações via *mobile-banking*	Custo unitário operação atual	Custo unitário operação futura	Anual		Nº operações bancárias*%operações em *mobile-banking* *(custo unitário atual - custo futuro)*12meses
Source:	Report	Prototyping	Report	Report			
Detail:	Mensal	Estimativa com base no protótipo	Custo de operação no *home-banking*	Custo de operação no *mobile-banking*	x 12 meses		
Unit:	Unit						
Benefit 2: Redução de custos com transações devido à nova arquitetura da aplicação	= 2 500 000	* 20%	(0,050 €	- 0,030 €)	12		= 120 000,00 €

Metric:	Nº operações bancárias na B2B Smart App	% de erros atual	% de erros futura	Tempo médio dispendido na resolução de um erro	Custo médio / hora por colaborador de IT	Anual	Nº operações via *mobile-banking* *(%erros atual - %erros futuro)*Tempo médio resolução* Custo/h colaborador*12meses
Source:	Prototyping	Reports	Prototyping	Observation	Reports		
Detail:	Mensal	erros gerados por operação efetuada no *home-banking*	erros gerados por operação no *mobile-banking*			x 12 meses	
Unit:	Unit	%	%	Horas	€		
Benefit 3: Aumento de eficiência das equipas de IT pela redução do nº de erros gerado na aplicação	= 500 000	(1%	- 0,10%)	0,0833	* 18 €	* 12	= 81 000,00 €

Nota: Nesta fase ainda não se está a considerar qualquer atualização dos cash flows futuros. Esta modelação visa apenas criar a "fórmula" base e o raciocínio necessário para o apuramento de cada um dos benefícios

Benefits Estimation

Benefício 1 – Retenção de clientes

Aumento de Negócio	2 484 000 €	VERDADEIRO

ID	Benefit	+/-	BSC	Metric: Value	Metric: Formula	Metric: Description	Speculative Independent Variable	Frequency / year: MIN	Frequency / year: ML	Frequency / year: MAX
1	Retenção de Clientes (evitar o abandono)	+	Clients	270 000 000 €	Valor médio ano de um cliente * Nº clientes empresa atuais	Valor médio da carteira de clientes	D % abandono = (atual-futura prevista)	0,26%	0,40%	0,55%

Benefits Exploit Distribution: Year 0	Year 1	Year 2	Project Evaluation: Year 0	Year 1	Year 2	Total	Variance
100%	80%	50%	1 080 000 €	864 000 €	540 000 €	2 484 000 €	32 187 172 500 €

Quanto ao Benefício 1 (Retenção de Clientes), este representa um total de 2.484.000 € (50% de confiança). Sendo a estimativa um valor probabilístico, será impossível afirmar um valor exato, pelo que este deverá ser apresentado dentro de um intervalo de valores possível associado a um grau de confiança.

Benefício 2 – Redução de custos com operações no *mobile-banking*

Redução de Custo	360 000 €	VERDADEIRO

ID	Benefit	+/-	BSC	Metric: Value	Metric: Formula	Metric: Description	Speculative Indepen	Frequency / year: MIN	Frequency / year: ML	Frequency / year: MAX
7	Redução de custos com operações		Processes	0,2100 €	(Custo unit. Atual-Custo Unit. Futuro)*12 meses	Valor médio de redução de custos com operações	Nº operações em *mobile-banking*	475000	500000	525000

Benefits Exploit Distribution: Ano 0	Ano 1	Ano 2	Project Evaluation: Year 0	Year 1	Year 2	Total	Variance
100%	100%	100%	120 000 €	120 000 €	120 000 €	360 000 €	12 000 000 €

Quanto ao Benefício 2 (Redução de custos com operações) este representa um total de 360.000€ (50% de confiança). Sendo a estimativa um valor probabilístico, será impossível afirmar um valor exato, pelo que este deverá ser apresentado dentro de um intervalo de valores possível associado a um grau de confiança.

Benefício 3 – Aumento de eficiência das equipas de TI pela redução do nº de erros gerados no *mobile-banking*

Aumento da Eficiência	243 000 €	VERDADEIRO

ID	Benefit	+/-	BSC	Metric: Value	Metric: Formula	Metric: Description	Speculative	Indepen	Frequency / year: MIN	Frequency / year: ML	Frequency / year: MAX
4	Aumento de eficiência das equipas de IT	+	Processes	9 000 000 €	Nº operações *mobile-banking* *Tempo res.*€/h*12		D% erros = (atual-futura prevista)		0,895%	0,900%	0,905%

Benefits Exploit Distribution			Project Evaluation				
Ano 0	Ano 1	Ano 2	Year 0	Year 1	Year 2	Total	Variance
100%	100%	100%	81 000 €	81 000 €	81 000 €	243 000 €	67 500 €

Quanto ao Benefício 3 (Aumento de eficiência das equipas de TI), este representa um total de 243.000 € (50% de confiança). Sendo a estimativa um valor probabilístico, será impossível afirmar um valor exato, pelo que este deverá ser apresentado dentro de um intervalo de valores possível associado a um grau de confiança.

Análise de Sensibilidade

No entanto, podemos avaliar vários cenários possíveis (do mais conservador ao mais otimista), ou seja, avaliar os benefícios esperados de acordo com um determinado grau de risco (ou de incerteza) através da realização de uma análise de sensibilidade.

Assim sendo é possível concluir com 95% de confiança, ou seja num cenário conservador, que o projeto devolverá 2.791.845 € de benefícios ao final de 3 anos (*benefícios não atualizados). Já num cenário mais otimista, embora com um grau de incerteza superior (de 20%), os benefícios esperados serão de 2.935.978 €.

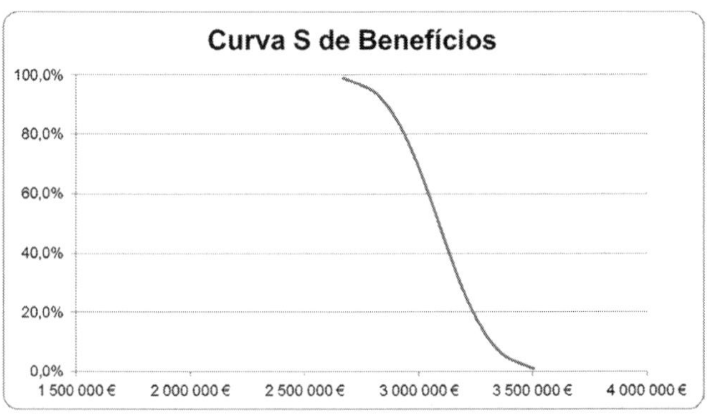

Tabelas de apoio:

41,5%	34,5%	24,0%	
Year 0	Year 1	Year 2	Confidence
1 281 000 €	1 065 000 €	741 000 €	50%
1 158 521 €	963 173 €	670 151 €	95%
1 107 775 €	920 984 €	640 797 €	99%
1 454 225 €	1 209 016 €	841 203 €	1%
Parameters:			
Actual Benefits:		3 087 000 €	
Standard Deviation:		179 441 €	

Risk	Benefits	Confidence
1,0%	2 669 557 €	99,0%
5,0%	2 791 845 €	95,0%
10,0%	2 857 037 €	90,0%
15,0%	2 901 021 €	85,0%
20,0%	2 935 978 €	80,0%
25,0%	2 965 969 €	75,0%
30,0%	2 992 901 €	70,0%
35,0%	3 017 858 €	65,0%
40,0%	3 041 539 €	60,0%
45,0%	3 064 451 €	55,0%
50,0%	3 087 000 €	50,0%
55,0%	3 109 549 €	45,0%
60,0%	3 132 461 €	40,0%
65,0%	3 156 142 €	35,0%
70,0%	3 181 099 €	30,0%
75,0%	3 208 031 €	25,0%
80,0%	3 238 022 €	20,0%
85,0%	3 272 979 €	15,0%
90,0%	3 316 963 €	10,0%
95,0%	3 382 155 €	5,0%
99,0%	3 504 443 €	1,0%

8.4. PLANO DE INVESTIMENTO

Após a avaliação e estimativa dos benefícios esperados do projeto, foi calculado o custo de investimento inicial esperado, bem como potenciais novos custos operacionais associados.

De forma a implementar a nova B2B Smart APP, o Banco Club terá que investir nas seguintes "componentes":

Product Breakdown Structure

"IN/OUT SCOPE TECHNIQUE"

	Product Description	Qual dos três benefícios é afetado e quanto se essa componente do âmbito não for incluída?		
		Benefit 1: Retenção de Clientes (evitar o abandono)	Benefit 2: Redução de custos com transações devido à nova arquitetura da aplicação	Benefit 3: Aumento de eficiência das equipas de IT pela redução do nº de erros gerado na aplicação
1	Documentos (Plano de Projeto e Documentos de Análise)	Sem a realização desta componente, o projeto não poderá avançar.		
2	Módulos (tecnologia): Interface Vendas;Repositório centralizado com informação cliente; Billing; Design	Sem o desenvolvimento do sofware e funcionalidades necessárias à operacionalização eficaz da App, o alcance dos benefícios estimados serão comprometidos.		
3	Manual de utilizador	O manual de utilizador será importante para dar a devida informação dos processos e apoio aos utilizadores internos.		
4	Formação às equipas	Sem a devida formação dos colaboradores sobre a utilidade e o devido funcionamento da App, poderá-se comprometer a atividade operacional deste serviços aos clientes, comprometendo o alcance dos benefícios.		
5	Publicidade	Sem publicidade, as empresas não terão a divulgação necessária para conhecerem este serviço, pelo que poderá comprometer o sucesso dos benefícios.		

Cost Breakdown Structure

A tabela seguinte apresenta cada uma dos componentes organizados por tarefas e custo de investimento e os novos custos operacionais:

	PROJECT								
	Effort (€)			Material (€)			Equip. (€)		
	Min	MP	Max	Min	MP	Max	Min	MP	Max
1. Planeamento:									
1.1 Plano de Projeto	3 500 €	4 000 €	4 500 €						
2. Análise :									
2.1 Documento de Análise	10 200 €	15 500 €	20 000 €						
3. Desenho/Construção:									
3.1 Interface de Vendas							50 000 €	60 000 €	70 000 €
3.2 Módulo: repositório info clientes							60 000 €	65 000 €	70 000 €
3.3 Módulo de Billing							45 000 €	50 000 €	55 000 €
3.4. Módulo Registo, Validação Login e Perfil utilizador							55 000 €	65 000 €	75 000 €
3.5. Design plataforma							35 000 €	45 500 €	65 500 €
3.4. Outros custos c/ des. Funcionalidades operações bancárias	35 000 €	45 000 €	55 000 €						
4. Disponibilização									
4.1 Passagem à produção	2 000 €	2 500 €	3 000 €						
5. Documentação									
5.1 Manual de Utilizador				2 500 €	3 000 €	3 500 €			
6. Formação									
6.1 Ação de Formação - Equipa Costumer Service	5 000 €	5 500 €	6 000 €						
6.2 Ação de Formação - Equipa Marketing	5 000 €	5 500 €	6 000 €						
7. Go Live	12 000 €	13 500 €	14 000 €						
8. Comunicação									
8.1 Custos de Produção e Storyboards	25 000 €	30 000 €	35 000 €						
8.2. Publicidade - TV em 2 canais (campanha impacto médio)	250 000 €	300 000 €	350 000 €						
8.3. Publicidade - Moopies e Brochuras	25 000 €	35 000 €	45 000 €						
	372 700 €	**456 500 €**	**538 500 €**	**2 500 €**	**3 000 €**	**3 500 €**	**245 000 €**	**285 500 €**	**335 500 €**

	OPERATIONS (New Costs) per year								
	Effort (€)			Material (€)			Equip. (€)		
	Min	MP	Max	Min	MP	Max	Min	MP	Max
Storage							10 000 €	15 000 €	20 000 €
Support	8 000 €	10 000 €	12 000 €						
Formação	3 000 €	3 500 €	4 000 €						
Manutenção & Upgrades	12 000 €	15 000 €	20 000 €						
	23 000 €	28 500 €	36 000 €	- €	- €	- €	10 000 €	15 000 €	20 000 €

	Effort (€)		Material (€)	Equip. (€)	Other (€)		
Resumo:	X	VAR	X	VAR	X	VAR	
Projeto	456 200 €	305 667 778 €	3 000 €	53 618 056 €	- €	- €	
Operações	28 833 €	2 250 000 €	- €	2 777 778 €	- €	- €	3 years
	485 033 €	307 917 778 €	3 000 €	56 395 833 €	- €	- €	

Periodo:	0	1	2
Custo Periodo:	746 283 €	43 833 €	43 833 €
95% Conf:	777 462 €	45 963 €	45 963 €
99% Conf:	790 381 €	46 845 €	46 845 €
1% Conf:	702 186 €	40 822 €	40 822 €

50% Confidence	Investimento	Novo Opex
Total Média:	746 283 €	131 500 €
Desvio Padrão:	18 956 €	3 884 €

Com 50% de confiança podemos concluir que os custos iniciais estimados serão cerca de 746.283€, com custos operacionais de 131.500€ por ano (valores ainda não atualizados).

Sendo a estimativa um valor probabilístico, será impossível afirmar um valor exato, pelo que este deverá ser apresentado dentro de um intervalo de valores possível associado a um grau de confiança.

Análise de Sensibilidade

No entanto, podemos avaliar vários cenários possíveis (do mais conservador ao mais otimista), ou seja, avaliar os custos estimados de acordo com um determinado grau de risco (ou de incerteza) através da realização de uma análise de sensibilidade.

Tabela de apoio:

	Investimento	New Opex	Inv + Opex
Conf %	Valor €	Valor €	Total
99%	790 381 €	140 535 €	930 915 €
95%	777 462 €	137 888 €	915 351 €
90%	770 576 €	136 477 €	907 053 €
85%	765 930 €	135 525 €	901 455 €
80%	762 237 €	134 769 €	897 005 €
75%	759 069 €	134 120 €	893 188 €
70%	756 224 €	133 537 €	889 760 €
65%	753 587 €	132 996 €	886 584 €
60%	751 086 €	132 484 €	883 570 €
55%	748 665 €	131 988 €	880 653 €
50%	746 283 €	131 500 €	877 783 €
45%	743 901 €	131 012 €	874 913 €
40%	741 481 €	130 516 €	871 997 €
35%	738 979 €	130 004 €	868 983 €
30%	736 343 €	129 463 €	865 806 €
25%	733 498 €	128 880 €	862 378 €
20%	730 330 €	128 231 €	858 561 €
15%	726 637 €	127 475 €	854 112 €
10%	721 991 €	126 523 €	848 514 €
5%	715 104 €	125 112 €	840 216 €
1%	702 186 €	122 465 €	824 651 €

Assim sendo é possível concluir com 95% de confiança, ou seja num cenário conservador, que o projeto implicará um custo inicial de investimento (ano 0) de 777.462€ e os novos custos operacionais em 137.888€. Já numa perspetiva mais otimista, embora com um grau de risco superior (20%), os custos iniciais esperados seriam de 762.237 € e os novos custo operacionais em 134.769 €.

8.5. ANÁLISE ECONÓMICO-FINANCEIRA

De modo a verificar a viabilidade do projeto proposto, é necessário recorrer à análise de alguns indicadores económico-financeiros.

Tipicamente, os indicadores mais utilizados são o Valor Atualizado Líquido do investimento (lucro líquido atualizado do investimento), o Retorno de Investimento (valorização de cada euro investido em % representado a capacidade de criar riqueza pelo projeto) e o *Payback* (período de tempo necessário para recuperar o investimento).

Tabela de apoio:

Tx Interesse =	6,08%
Tx Inflação =	0,60%
Custo Oportunidade =	5,45%

Confidence %: 95% 95%

Ano	Investimento	Benefícios	Fator At.	Investimento At.	Benefício At.	Cash Flow Nom	Cash Flow Corr	Cash Flow Cum Nom	Cash Flow Cum At
0	777 462 €		1,00 €	777 462 €	- €	- 777 462 €	- 777 462 €	- 777 462 €	- 777 462 €
1		1 112 558 €	0,94 €	- €	1 048 765 €	1 112 558 €	1 048 765 €	335 096 €	271 302 €
2		917 210 €	0,89 €	- €	815 042 €	917 210 €	815 042 €	1 252 306 €	1 086 344 €
3		624 189 €	0,84 €	- €	522 856 €	624 189 €	522 856 €	1 876 494 €	1 609 200 €
	777 462 €	2 653 957 €	Ref Ano 0	777 462 €	2 386 662 €				
Fase:	*Projeto*	*Exploração*							

NPV (Net Present Value) =	1 609 200 €	*VAL (Valor Actual Liquido)*
BCR (Benefit Cost Ratio) =	3,07 €	*RBC (Rácio Benefícios Custo)*
ROI (Return on Investment) =	207,0%	*Retorno do Investimento*
IRR (Internal Rate of Return) =	115,2%	*TIR (Taxa Interna de Rentabilidade)*
ERR (External Rate of Return ou MIRR) =	54,2%	*TER (Taxa Externa de Rentabilidade)*
NERR (Net External Rate of Return) =	48,1%	*TER (Taxa Externa Rentabilidade)-Tx Interesse*
Payback (s/ Interesse) =	0,70	8,4 meses
Payback (c/ Interesse) =	0,74	8,9 meses

Até recuperar ...	Investimento	Interesse	Lucro
	8,4	0,5	39,1
	17,5%	1,1%	81,5%

O NPV ou VAL (Valor Atualizado Líquido) é um indicador chave para a tomada de decisão de "avançar" ou não com a implementação de um projeto, pois este representa o valor do investimento necessário no momento 0 e a atualização dos *Cash Flows* de exploração futuros gerados pelo projeto, nos próximos 3 anos. Neste caso, este projeto traduz-se num VAL positivo, no valor de 1.609.200€ (95% de confiança).

Em complemento a este indicador, o *Benefit Cost Ratio* permite-nos concluir que por cada euro investido, teremos um retorno de 3,07€. O indicador ROI (*Return on Investment*), apresenta-nos a taxa de retorno do investimento, ou seja a proporção entre os benefícios gerados pelo projeto e o capital investido – neste caso o ROI é de 207,0% indicando-nos assim que será muito compensatório realizar o projeto. Quanto à taxa interna de rendibilidade (TIR), esta representa a taxa que igualaria o VAL a zero, ou seja, se TIR > Taxa Atualização podemos automaticamente concluir que VAL é positivo, ou seja, que o projeto conseguirá gerar uma taxa de rendibilidade superior ao custo de oportunidade de capital, pelo que estaremos perante um projeto economicamente viável; caso TIR<Taxa Atualização, o VAL será negativo, e estaremos perante um projeto economicamente não viável. Neste caso, a TIR do projeto é equivalente a cerca de 115,2%.

No entanto, uma vez que estamos perante uma análise de projetos, a TIR não é o indicador mais adequado, dado que gera o efeito de juro composto. Ou seja, os "dividendos/benefícios" libertados pelo projeto estão a ser considerados ano após ano, isto é, a serem capitalizados quando não deveriam - após o investimento ser feito e estar em fase de exploração, o projeto é considerado "encerrado". Assim sendo, a TER (Taxa Externa de rendibilidade) é a taxa mais indicada, consistindo na taxa de juros efetiva, ou seja, a rentabilidade média bruta do projeto sem capitalização dos benefícios, neste caso 54,2%. De forma a obtermos a TANL, taxa representativa da rentabilidade líquida do projeto, deduzimos a taxa de interesse (que engloba a taxa de inflação e custo de oportunidade) à TER, ou seja, 50,5%-6,08% = 48,1%.

O *Payback* (sem interesse, ou seja, sem considerar o custo de oportunidade e inflação) será aproximadamente de 8,4 meses, no entanto o *Payback* (com interesse) já irá ascender o período de tempo previsto para 8,9 meses. O *Payback* ou período de recuperação é uma boa referência para identificar o tempo decorrido entre o investimento inicial e o momento no qual o lucro líquido acumulado se iguala ao valor desse investimento. O *Payback* do Projeto apresenta-se favorável pois o investimento do projeto será inferior a 2/3 do período de exploração.

Nota: Neste caso, como foi apurado um benefício que se enquadra na dimensão de aumento de eficiência, é fundamental ter em mente no momento de decisão que, por estes representarem a libertação de capital humano (isto é capital virtual) este não terá qualquer impacto na conta de resultados da empresa (ao contrário dos benefícios de aumento de negócio e de redução de custos).

Em termos de conclusão, a iniciativa proposta (B2B Smart APP) contribuirá para cinco objetivos estratégicos do Banco Club e segundo os indicadores económico-financeiros (nomeadamente o VAL, ROI e *Payback*), todos se demonstram favoráveis, demonstrando que há viabilidade em lançar o novo produto. No entanto, antes de considerar avançar com a implementação de um projeto é essencial realizar a devida gestão dos *stakeholders* que irão ser afetados pelo mesmo.

8.6. PREPARAÇÃO DO CONTEXTO

Quanto ao contexto de preparação e aceitação da equipa para a implementação do novo projeto, esta demonstra interesse e predisposição para a nova mudança.

O departamento de Canais Eletrónicos, sendo parte interessada no projeto e a área que irá futuramente gerir a aplicação móvel, apresenta um elevado poder de decisão, com alto impacto na sua atividade, apresentando uma postura de *active supporter*, visto estar empenhada em colaborar para o sucesso do projeto.

O departamento de Marketing é o *sponsor* da ideia e a equipa responsável pelo projeto, tendo dessa forma um elevado poder de decisão com algum impacto na sua atividade. A sua postura face ao projeto é igualmente de *active supporter*. Ambos os departamentos (Canais Eletrónicos e Marketing) deverão ser geridos atentamente, dado o seu papel decisivo para o projeto (*Manage closely*).

Relativamente ao departamento de Comunicação, este terá um papel importante, a par com o departamento de Marketing, para a divulgação e preparação do lançamento da B2B Smart APP no mercado. No entanto, não terá poder de decisão e será apenas afetada a sua atividade durante o planeamento da comunicação. Em termos de postura será facilitador, pelo que deverá ser informado sobre as decisões que afetam a sua atividade (*Keep Informed*).

O fornecedor informático, enquanto *stakeholder* externo, não tem poder de decisão e não é afetado pelo projeto. Em termos de atitude, será igualmente indiferente e, desta forma, deve ser apenas mantido informado sobre as decisões que afetam o seu serviço (*Monitor*).

A gestão de topo, enquanto órgão decisivo na empresa, tem alto poder de decisão sobre o avanço do projeto, apesar de este não impactar a sua atividade. É imparcial face ao projeto, sendo que deverá ser informada sobre questões ao nível da gestão de topo e considerada a sua opinião sobre o desenvolvimento do projeto (*Keep satisfied*).

O departamento de Sistemas Informáticos irá desenvolver a solução tecnológica e representa um *stakeholder* muito importante para o projeto, uma vez que o seu papel é crítico na construção de uma aplicação *user-friendly* e funcional. Terá, assim, algum poder de decisão, principalmente em questões de requisitos funcionais, e será de certa forma impactado pelo projeto enquanto estiver dedicado a desenvolver a solução tecnológica. A sua postura é de *blocker*, pois encontra-se num período de grande trabalho e não está disponível para iniciar um novo projeto tecnológico. Deste modo, deve ser gerido cautelosamente, envolvido desde o início e em todas as decisões para ser feito o *buy-in* do mesmo (*Manage Closely*).

Stakeholder	Power	Power-V	Impact	Impact-V	Behaviour	Behaviour-V	Result	Rank of Importance	Strategy
Departamento de Canais Eletrónicos	A Lot of Power	3	Extreme Impact	4	Active Supporter	1	8	1.º	Manage Closely
Departamento de Marketing	A Lot of Power	3	Some Impact	2	Active Supporter	1	6	4.º	Manage Closely
Departamento de Comunicação	No Power	1	Some Impact	2	Facilitator	2	5	5.º	Keep Informed
Fornecedor Informático	No Power	1	No Impact	1	Indifferent	3	5	5.º	Monitor
Gestão de topo	Extreme Power	4	No Impact	1	Indifferent	3	8	1.º	Keep Satisfied
Departamento de Sistemas Informáticos	Some Power	2	Some Impact	2	Blocker	4	8	1.º	Manage Closely

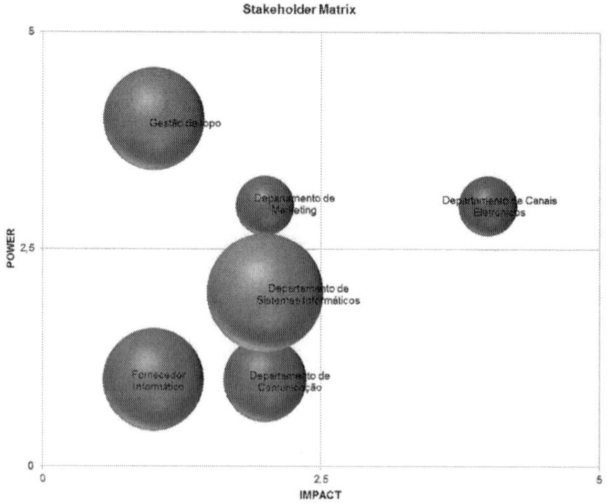

Legend:

Power	Value	Dictionary
No Power	1	Can't take decisions or influence
Some Power	2	Can influence
A Lot of Power	3	Can decide
Extreme Power	4	Can take critical decisions

Impact	Value	Dictionary
No Impact	1	Will not change their reality
Some Impact	2	Will change some of their reality
A Lot of Impact	3	Will change a lot of their reality
Extreme Impact	4	Will complete change their reality

Behaviour	Value	Dictionary
Active Supporter	1	Will take actions to move forward
Facilitator	2	Take the initiative with high priority
Indifferent	3	Don't take interest in the initiative
Blocker	4	Take the initiative as the last priority
Opponent	5	Will take actions to stop initiative

Stategy	Value	Dictionary
Monitor	1	Keep watch their beaviour
Keep Satisfied	2	Involve in scope definition
Keep Informed	3	Communicate and involve in decisions
Manage Closely	4	Involve and communicate constantly

8.7. BUSINESS CASE CANVAS

A tabela abaixo resume os principais pontos a ter em consideração na tomada de decisão sobre o avanço deste projeto:

Problem	Strategic Align	Key Stakeholders	Strengths	Weaknesses
Problem: Aumento da insatisfação dos clientes-empresa pela impossibilidade de poderem aceder e efetuar transações na conta empresa em qualquer momento e lugar	Aumento do Negócio B2B Aumento do volume de negócios em canais não presenciais	Destacam-se os: Departamentos de Canais Eletrónicos e Marketing com elevado impacto na sua realidade e com atitute muito positiva para a receção do novo projeto. Já o Departamento de Sistemas Informáticos apresenta uma postura resistente ao projeto pelo que deverá ter o devido apoio nesta gestão e ser envolvida regularmente.	- Contributo para o alcance dos objetivos estratégicos - Aumento da relação com o cliente através de um novo canal de comunicação - Melhoria da imagem do banco junto das empresas (aposta nos clientes atuais e aposta na inovação)	- Dependência externa na manutenção da aplicação móvel - Aumento da complexidade na gestão das operações, devido a criação de um novo canal - Reduzido know-how das equipas de IT do banco para responder de forma célere e competente às necessidades da aplicação
Solution	Otimização dos recursos humanos no banco, através do aumento de eficiência	**Economics**	**Opportunities**	**Threats**
Solution: Criação de uma aplicação para smartphones e tablets para os clientes-empresas (B2B Smart APP)	Aumento da margem financeira	ROI = 207 % VAL = 1.609,200 € TER – 54,2 % Payback = 8,9 meses Do ponto de vista de viabilidade económica é um projeto interessante, com elevado retorno e rápida recuperação do investimento (payback inferior a 1 ano). No entanto, é essencial avaliar o grau de preparação das equipas para a mudança implícita com o projeto.	- Novo canal para potenciar cross-selling de serviços - Desenvolvimento de parcerias no âmbito do projeto, com empresas tecnológicas - Acompanhamento das tendências de consumo e utilização de equipamentos móveis - Oportunidade de lançar um serviço inovador, distinto da oferta atual do mercado	- Risco de não adesão por parte das empresas - Resposta da concorrência com soluções semelhantes
Cost €		**Benefits €**		
Para um ciclo de vida do projeto de 3 anos, estima-se um valor de investimento inicial em 777.462€ (valor investimento ano 0) e de 137.888€ em novos custos operacionais (total dos 3 anos), representando um total de 915.351€.		Aumento do Negócio por via da Retenção de clientes, representando 80,5% dos benefícios totais.	Redução de Custos com operações pelo uso de uma arquitetura mais barata, representando 11,7% dos benefícios totais.	Aumento de eficiência pela redução de tempo dedicado à resolução de erros, representa 7,9% dos benefícios totais.
		Com 95% de confiança, estima-se um total de benefícios no valor de 2.791.845 € para um período de exploração de 3 anos		

8.8. RECOMENDAÇÃO FINAL

Após a realização do *Business Case* da iniciativa proposta "B2B Smart APP", é possível concluir que esta se alinha com quatro objetivos estratégicos da organização bancária (Banco Club) apresentando também indicadores económicos muito positivos, nomeadamente pelo contributo para o aumento da receita via aumento de negócio (retenção de clientes) e de redução de custos (poupança). Tipicamente, os ganhos de eficiência sentem-se a longo prazo, sendo que neste caso este benefício representa menos de 8% do total estimado. Após ser realizada a avaliação dos *stakeholders* quer em termos de impacto na sua realidade, poder de decisão sobre o projeto e nível de interesse, é possível concluir que há recetividade ao novo projeto destacando-se apenas o departamento de Sistemas Informáticos que deverá ser especialmente apoiado e envolvido por demonstrar alguma resistência.

Concluindo, é recomendável a implementação da B2B Smart APP.

9.
Glossário

Assumption (Pressuposto) – "pré"-"suposto", ou seja, suposição prévia ou hipótese não confirmada.

APV (Ajusted Present Value) ou VALA (Valor Atualizado Líquido Ajustado) - Resultado líquido atualizado do lucro do projeto menos os custos de financiamento.

Análise de sensibilidade (Sensitivity Analysis) – Técnica de modelização e análise quantitativa de risco usadas de forma a determinar quais os riscos com maior potencial impacto no projeto. Esta técnica, avalia o grau de incerteza de cada elemento do projeto e na forma como afeta o objetivo final em causa, quando todos os outros elementos se mantêm constantes. A apresentação típica dos resultados assume a forma de um diagrama "tornado".

Balanced scorecard – Sistema de medição de desempenho e de gestão estratégica com base em indicadores de ordem financeira, clientes, processos internos e aprendizagem/crescimento.

Benchmarking – Técnica que consiste na comparação das práticas atuais ou planeadas, tais como processos e operações, de uma organização a outras empresas, de forma a identificar as melhores práticas, oportunidades, criar ideias de melhoria e proporcionar uma base para medir performance.

Benefits tracking – Processo de medição de benefícios durante ou após um projeto, de forma a realizar um juízo objetivo acerca do sucesso de um projeto.

Benefícios – Representa o valor gerado pelo projeto, expresso em termos monetários.

Benefícios líquidos – Representa o resultado operacional, ou seja, o total de vendas subtraído dos custos operacionais.

Bottom-up estimating – Método utilizado para estimar a duração ou custo de um projeto, agregando as estimativas dos níveis inferiores da *Work Breakdown Structure.*

Business drivers – Recurso, processo ou condição que é vital para o sucesso e crescimento contínuo de uma empresa.

Brainstorming – Técnica de recolha de informação que poderá ser utilizada para identificar riscos, ideias ou soluções a problemas ou questões, utilizando um grupo de pessoas especialistas na matéria.

Breakeven – Número de unidades necessárias vender de forma a pagar o valor do investimento.

Ciclo de vida do produto (product life cycle) – Análise de negócio que visa identificar os estados mais comuns da vida de um produto, tais como o Desenvolvimento, Introdução, Crescimento, Maturidade e Declínio.

Cost-benefit analysis – Ferramenta de análise financeira usada de forma a determinar os benefícios *versus* os custos, proporcionados por um projeto.

Cross selling – Técnica de vendas com vista induzir o cliente a comprar novos produtos e/ou serviços adicionais à sua compra inicial.

CAPEX Expenditure – Capital investido em ativos permanente ou para adicionar valor a um ativo já existente, e assim alavancar futuros benefícios para a empresa.

Control Group – Técnica que consiste na criação de dois grupos, o grupo controlo e o grupo experimental. Os resultados serão depois comparados para determinar as mudanças que poderão ocorrer devido ao teste experimental.

Diagrama de Pareto (Pareto Diagram) – Histograma ordenado por frequência de ocorrência, demonstrando os resultados por cada causa identificada.

Deliverable (entregável) – Componente do projeto a entregar. Tipicamente todos os deliverables traduzir-se-ão no produto / serviço final a entregar pelo projeto.

Expert judgement – Juízo realizado com base no conhecimento e expertise de uma determinada área de conhecimento, disciplina ou indústria, etc, adequada à atividade em curso. Este juízo poderá ser dado por qualquer grupo ou pessoa com educação, conhecimentos, competências, experiência ou formação especializadas.

Estimação paramétrica - Técnica de estimação através da qual é utilizado um algoritmo com vista calcular o custo, duração ou outra variável com base o em dados históricos e parâmetros de projeto.

Force field analysis – Técnica utilizada que auxilia a tomada de uma decisão através da análise de forças "a favor e "contra" de uma mudança, facilitando a transmissão do raciocínio por detrás de uma decisão.

Force in – No processo de *Scoring Model*, existe um critério de exceção para forçar a aceitação de uma iniciativa. O *Force in* permite aceitar a pontuação (*Score*) de uma iniciativa face a um ou mais objetivos estratégicos, mesmo este sendo classificado "abaixo" da escala (*Cut Score*) previamente definida.

Force out - No processo de *Scoring Model*, existe um critério de exceção para forçar a rejeição de uma iniciativa. O *Force out* permite rejeitar a pontuação (*Score*) de uma iniciativa face a um ou mais objetivos estratégicos mesmo este sendo classificado dentro da escala de "aceitação" previamente definida.

Lessons learned – Consiste no conhecimento ganho durante um projeto, com base na forma como as atividades foram geridas ou na conclusão de como deverão ser realizadas no futuro, com o objetivo de melhorar a performance futura.

Método do impacto pela ausência – Método utilizado com vista avaliar quais os benefícios ou custos que advém por não realizar um projeto e/ou investimento.

Método de pricing – Método utilizado para definir qual o preço ótimo de um produto ou serviço, através da avaliação de quanto é que um potencial cliente está disposto a pagar, quanto vale o produto no mercado e quanto custa tê-lo e/ou mantê-lo.

Metodologia – Sistema de práticas, técnicas, procedimentos e regras usados pelos executantes de uma determinada disciplina.

Milestone – Um momento ou evento significativos para o projecto, programa ou portfólio.

NPV (Net Presente Value) ou VAL (Valor Atualizado Líquido) – Lucro líquido atualizado de um investimento, ou seja, total dos benefícios atualizados menos o valor do investimento.

Nominal group technique – Técnica de cariz semelhante ao *brainstorming*, com a vantagem de criar maior incentivo à criatividade de cada participante, com o intuito de obter o consenso final. Tipicamente para tal é utilizado o processo de votação para o *ranking* de ideias/soluções.

OPEX Expenditure – Capital dedicado às atividades diárias de uma empresa para garantir o seu bom funcionamento (ex. em vendas, custos administrativos...).

Objetivo – Meta para qual o trabalho será dirigido de forma a ser alcançada: uma posição estratégica para ser atingida, um motivo para ser alcançado, um resultado a ser obtido, um produto a ser produzido ou um serviço a ser desempenhado.

Observação – Técnica utilizada que permite uma via direta de ver os indivíduos no seu ambiente a desempenhar os seus trabalhos ou tarefas e a executar processos.

Payback – Período de tempo necessário para pagar o investimento.

Requisito – Necessidade física e/ou funcional indispensável ao desempenho de um produto, processo ou *design*.

ROI (Return On Investment) – Valor de retorno de um investimento, ou seja por cada euro investido quando é que o projeto valoriza.

Sponsor – Pessoa ou grupo que oferece recursos e apoia um projeto, programa ou portfólio, sendo um dos responsáveis para o alcance do sucesso.

Stakeholder – Um indivíduo, grupo ou organização que poderá afetar, ser afetado ou assumir-se afetado por uma decisão, atividade ou resultado de um projeto.

Survey (Questionário) – Método de recolha de informação quantitativa acerca de um determinado tema, numa amostra populacional.

Score – Pontuação referente à média ponderada resultante da classificação do alinhamento do projeto aos objetivos estratégicos da organização.

Scoring Model – Modelo utilizado com vista garantir o alinhamento de uma iniciativa com os objetivos estratégicos da organização, priorizar racionalmente as iniciativas bem como definir a melhor configuração possível.

Simulação Monte Carlo – Processo que gera centenas de resultados possíveis baseados na distribuição de probabilidades associados a um determinado grau de risco.

Taxa de interesse – Taxa que representa o interesse mínimo sobre o investimento, composta pela taxa de inflação, custo de oportunidade e risco do negócio.

Trend analysis – Técnica analítica que utiliza modelos matemáticos para facilitar a previsão de resultados futuros, com base em dados históricos. É um método que se inspira na procura de tendências e padrões, através do rastreio das variâncias em custo, orçamento e calendário de execução.

Three-point estimate – Técnica utilizada no processo de estimação (ex. custo, tempo ou outra variável) através da consideração de três cenários (o otimista, pessimista e o mais provável), sendo utilizada perante a incerteza de estimação individual.

Upselling – Técnica de vendas com vista induzir o cliente a comprar produtos mais caros, upgrades ou complementos, na tentativa de o vendedor realizar uma venda mais rentável.

Work Breakdown Structure (WBS) – é uma decomposição hierárquica do âmbito do projeto (tarefas) a ser levado pela equipa, de forma a definir e concretizar os objetivos e entregas (*deliverables*) do projeto.

10.

Bibliografia

Auer, M., Trendowicz, A., Graser, B., Haunschmid, E., & Biffl, S. (Fev de 2006). *IEEE Transactions on Software Engineering Vol. 32 Issue 2*, pp. 83-92.

Barney, J. B. (1995). *Looking inside for competitive advantage* . The Academy of Management Executive (p.49).

Basile, F. (1996). Great management ideas can work for you. *Indianapolis Business Journal Vol.16*, 53-54.

Birkinshaw, J., Hamel, G., & Mol, M. J. (2008). Management Innovation. *Academy of Management Review 33:4*, 825-845.

Borges, A., & Rodrigues, A. (2008). *Contabilidade e Finanças para a Gestão.* Lisboa: Áreas Editora.

Brown, B. B. (1968). Delphi Process: A Methodology Used for the Eliciation of Opinions of Experts. *The RAND Corporation.*

Clive, B. (2012). The Nominal Group Technique: an aid to Brainstorming ideas in research. *Qualitative Market Research 15.1*, 6-18.

Cooke, R. (1991). *Experts in Uncertainty.* Oxford: Oxford University Press.

Cooper, D. R., & Schindler, P. S. (2014). *Business Research Methods, 12th edition.* New York: The McGraw-Hill/Irwin.

Craft, R. C., & Leake, C. (2002). The Pareto principle in organizational decision making. *Management Decision Vol.40, Issue: 7/8*, pp. 729-733.

Dalkey, N., & Helmer, O. (1962). An experimental application of the delphi method to the use of experts. *The RAND Corporation.*

de Mast, J. (2013). Diagnostic Quality Problem Solving: A Conceptual Framework and Six Strategies. *The Quality Management Journal, 20*(4), 21-36.

Dupé, V., Briand, R., & Fischer, X. (2009). Component Based Modeling for Structuring Measurement. *IEEE.*

Earley, M. E. (2013). Revolutionize your business. *American Journal of Business Vol. 28 Issue 1.*

Freeman, E. R. (2004). *A Stakeholder Theory of Modern Corporations.* Ethical Theory and Business.

Glenn, J. C. (1972). Futurizing Teaching vs Futures Course. *Social Science Record, Syracuse University, Volume IX, No. 3 Spring.*

Grantt, R. M. (1991). The resource-based theory of competitive advantage: Implications for Strategy Formulation . *California Management Review .*

Hamel, G. (1998). The Challenge Today: Changing the Rules of the Game. *Business Strategy Review, Vol.9 Issue 2,* 19-26.

Hamel, G. (2000). *Leading the Revolution.* Boston: Harvard Business School Press.

Hashim, M. (2013). Change Management. *International Journal of Academic Research in Business and Social Sciences,* 685-694.

Ishikawa, K. (1990). *Introduction to Quality Control.* Tokyo: 3A Corporation.

Jackson, P. (2012). *Value for Money and international development.*

Jeacle, I. (2004). Emporium of glamour and sancturn of scientific management. *Management Decision 42.9,* 1162-1177.

Juran, J. (1988). Quality Improvement. Em *Quality Handbook* (pp. 1-74). NY McGraw-Hill.

Juran, J. (2001). *The non-Pareto principle; mea culpa.* Obtido de The Juran Institute: www.juran.com/research/articles/ sp7515.html

Kaplan, R. S., & Norton, D. (1992). The Balanced Scorecard: Measures that Drive Performance. *Harvard Business Review 70, no. 1,* 71-79.

Kelliher, C., & Mahoney, L. (Janeiro de 2000). *The Appraisal Journal* , pp. 44-56.

Kettinger, W. J., Teng, J. T., & Guha, S. (Março de 1997). Business Process Change: A Study of Methodologies, Techniques and Tools. *MIS Quarterly,* pp. 55-80.

Kumar, S., Teichman, S., & Timpernagel, T. (2012). A green supply chain is a requirement for profitability. *International journal of production research,* 50:5, 1278-1296.

La Rooy, G. (1999). Know what counts. *NZ Business, Vol. 13,* 28-31.

Lavrakas, P. J. (2008). *Encyclopedia of Survey Research Methods.* SAGE Publications.

Lavrakas, P. J. (2008). *Encyclopedia of Survey Research Methods.* SAGE Publications.

Luh, Y.-P., Pan, C.-C., & Su, J.-W. (2007). A Study on Modular Design Representation. *IEEE,* 1327-1331.

Miles, L. (1961). Tecniques of Value Analysis and Engineering. New York: McGraw-Hill.

Milosevic, D. Z. (2003). *Project Management ToolBox: Tools and Techniques for the Practicing Project Manager.* New Jersey: JohnWiley & Sons, Inc.

Morató, E. A. (2012). *Growing the enterprise.* eBookIt.com.

Parasuraman, A., Zeithaml, V. A., & Berry, L. L. (1985). A conceptual model of service quality and its implications for furute research. *Journal of Marketing 49*, 41-50.

Pascale, R., Millemann, M., & Gioja, L. (1997). The way we change. *Harvard Business Review*, 127-139.

Pereira, L. (2014). *Como Criar Riqueza. A competência do gestor na economia real.* Portugal: Bnomics.

Pereira, L. (2014). *Como criar riqueza: a competência do gestor na economia real.* Portugal: Bnomics.

Piercy, N., & Cravens, D. (2010). The imperatives of value-driven strategy. *Journal of Change Management*, 22-40.

PMI. (2013). *PMBOK.* http://www.pmi.org/About-Us/About-Us-What-is--Project-Management.aspx.

Polonsky, M. J. (1996). Stakeholder Management and the Stakeholder Matrix: Potential Strategic Marketing Tools. *Journal of Market Focused Management 1*, 209-229.

Rhyne, L. C. (1986). The relationship of strategic planning to financial performance. *Strategic Management Journal, Vol. 7*, 423-436.

Rieber, L. J. (2006). Using Peer Review to Improve Student Writing in Business Courses. *Journal of Education for Business Vol.81 Issue 6*, 322-326.

Sanchez, H., & Robert, B. (2010). Measuring Portfolio Strategic Performance Using Key Performance Indicators. *Project Management Journal Vol. 41 No. 5*, 64-73.

Shah, H., & Mohamed, E. (Set/Out de 2007). *IT Professional Magazine Vol. 9 Issue 5*, pp. 36-41.

Taiichi, O. (1988). *Toyota Production System: Beyond Large-Scale Production.* New York: Productivity Press.

Taylor, D. W., Berry, P. C., & Block, C. H. (1958). Does group participation when using Brainstorming facilitate or inhibit creative thinking? *Administrative Science Quarterly, Vol. 3 No. 1*, 23-47.

Taylor, F. (1998). *The Principles of Scientific Management.* Dover Publications.

Tedlow, R. (1990). *New and Improved: The Story of Mass Marketing in America.* Oxford: Heinemann Professional.

Teece, D., Pisano, G., & Schuen. (1997). A Dynamic capabilities and strategic management . *Strategic Management Journal* , V. 18, p.509-533.

Thune, S. S. (August de 1970). Where long-range planning pays off. pp. 81-87.

Tyson, K. (2002). *The complete guide to competitive intelligence* . Chicago: Leading Edge Publications .

Vaccaro, I. G., Jansen, J. J., Van Den Bosch, F. A., & Volberda, H. W. (2012). Management Innovation and Leadership: The Moderating Role of Organizational Size. *Journal of Management Studies 49:1*, 28-51.

Wetherbe, J. C. (1976). A general purpose strategic planning methodology for the computing effort in higher education: development, implementation and evaluation. *Unpublished Ph.Dissertation Texas Tech. University.*

Wetherbe, J., & Montanari, J. (1981). Zero Based Budgeting in the planning process. *Strategic Management Journal* , Vol. 2. 1-14.

Williams, A., Lacy, Smith, S., & William, C. (1992). Purchasing's Role in Value Analysis: Lessons from Creative Problem Solving. *International Journal of Purchasing and Materials Management.*

Zachman, J. A. (1987). A Framework for Information Systems Architecture. *IBM Systems J., vol. 26, no. 3*, 276-292.

Zachman, J. A. (2008). *Zachman International: Enterprise Architecture.* Obtido de www.zachman.com/about-the-zachman-framework

Zikmund, W. G., Babin, B. J., Carr, J. C., & Griffin, M. (2013). *Business Research Methods, 9th edition.* USA: Cengage Learning.